LE BIENHEUREUX

PIERRE FOURIER

DE MATTAINCOURT

ABRÉGÉ

DE SA VIE ET DE SES VERTUS

A. M. D. G.

LE BIENHEUREUX

PIERRE FOURIER

DE MATTAINCOURT

LE BIENHEUREUX

PIERRE FOURIER

DE MATTAINCOURT

ABRÉGÉ

DE SA VIE ET DE SES VERTUS

A. M. D. G.

AUX ÉLÈVES

de la Congrégation de Notre-Dame

Enfants de Notre-Dame, élevées comme nous à l'ombre du cloître, sous la sage direction des Filles du Bon Père, c'est à vous que s'adresse notre humble travail. Œuvre de reconnaissance et de piété filiale, il n'a d'autre mérite que la pensée qui l'a inspiré, d'autre but que de vous faire de plus en plus connaître et aimer le grand Serviteur de Dieu auquel nous devons toutes le bienfait d'une instruction solide et chrétienne. Daigne ce Père bienheureux, dont nous avons, quoique bien faiblement, esquissé les vertus, bénir notre modeste ouvrage, et nous obtenir de Jésus et de Marie la grâce de nous montrer toujours ses véritables enfants.

M. L. B.   M. C.

Enfants de Marie.

Élèves de la Congrégation de Notre-Dame de C.

7 juillet 1886, Fête du Bienheureux Pierre Fourier.

CHAPITRE I

Pierre Fourier naquit à Mirecourt le 30 novembre 1565 ; son père, Dominique Fourier, appartenait à la haute bourgeoisie. Ses concitoyens avaient trouvé en lui les vertus de l'honnête homme ; il jouissait d'une excellente réputation, et se tenait au premier rang dans sa ville natale.

Il épousa Anne Nacquart, qui lui donna son fils Pierre et plusieurs autres enfants : Jean, Jacques et Marie ; étant devenu veuf de bonne heure, Dominique Fourier contracta une nouvelle union avec Michelle Guérin.

L'aîné des enfants de Dominique Fourier fut, sans contredit, le plus remarquable, et c'est lui qui a illustré sa famille.

Cependant le duc de Lorraine avait remarqué la riche nature de Dominique; la foi si profondément implantée dans l'âme de cet homme inspira confiance au souverain qui se l'attacha comme officier de sa maison; il lui donna des lettres de noblesse et la seigneurie de Charonval.

Dominique Fourier était un homme de cœur, de courage, inviolablement attaché à Dieu et à son prince; chrétien convaincu, il éleva ses enfants d'après les principes qui le conduisaient lui-même et ne leur donna que de bons exemples.

On cite de lui, à son dernier jour, un trait édifiant, et qui donne une idée de son caractère. Se sentant mourir, il se découvre la tête, et comme les assistants, craignant de voir par là augmenter ses douleurs, l'engageaient à se ménager et lui demandaient la raison de sa conduite, il leur répondit en souriant : « Vous n'oseriez donner une « lettre à un prince que la tête décou- « verte et le dos courbé en signe de « révérence. Hélas ! que c'est bien « autre chose de la grandeur de Dieu « que de celle des hommes ! Il y a « tant d'années que je possède l'âme « qu'il m'a donnée et que je suis prêt

« à lui rendre ; permettez que je lui
« fasse un présent de cette importance
« en la posture du plus grand respect
« qu'il me sera possible. »

Dans sa première jeunesse, Pierre fut
donc à même de contempler de belles
vertus ; les exemples de son père du-
rent déposer dans son âme les premières pensées de religion, d'honneur et
de patriotisme.

L'éducation de la maison paternelle,
celle qu'on a si bien nommée la première éducation, exerce toujours une
réelle et profonde influence sur le caractère de l'homme ; le père et la mère
ne donnent pas seulement à leurs enfants la vie naturelle, ils leur donnent
aussi la vie morale, et c'est là le plus
beau privilège comme la plus grande

charge de la paternité : donner à un enfant des principes qui feront de lui un homme, tel est le but auquel ils doivent tendre.

Dominique connaissait tout ce qui avait rapport à son fils ; le petit Pierre lui racontait ce qu'il faisait dans la journée et ce qu'il apprenait à l'école ; il n'était point de ces enfants légers et capricieux qui ne peuvent s'appliquer à aucune étude ; loin de là, un caractère sérieux le portait à la réflexion et son esprit faisait pressentir quelque chose de plus qu'ordinaire. Il connaissait déjà la vertu et savait supporter un affront; un jour, au jeu de billes, il poussa mal à propos, mais sans mauvais dessein, le bras d'un de ses camarades, ce qui troubla la partie ; l'enfance se fait prompte justice, aussi le pauvre Pierre reçut-il sur-le-champ de la part de son irritable voisin un vigoureux soufflet ; loin de rendre le mal pour le mal, l'enfant souffrit et se tut, mais son innocence parlait sans doute pour lui, car, dit-on, ses camarades ne furent pas si sages et payèrent l'étourdi ; alors, Pierre montra bien que sa conduite n'était point le résultat d'une lâche timidité, il prit la défense de celui qui l'avait insulté, et, comme le dit son naïf chroniqueur, il voulut « épargner le dos de celui qui n'avait pas épargné ses joues. »

Un œil attentif eût facilement découvert dans les premières révélations de la jeunesse de Pierre les destinées de cet enfant ; son plus doux plaisir, après avoir construit un petit autel et l'avoir orné de son mieux, était d'y célébrer, autant qu'il était en son pouvoir, les cérémonies religieuses ; innocente récréation qui montrait les aspirations de cette âme pure et candide.

A l'âge de quinze ans, il entre à l'Université de Pont-à-Mousson, alors une des plus remarquables de l'Europe, et qui enseignait à ses nombreux élèves le grec, l'hébreu, la philosophie, la littérature, le droit et la médecine. Les études sérieuses s'y alliaient, comme toujours, aux divertissements de la jeunesse, et, peut-être pour la seule fois de sa vie, Pierre Fourier sacrifia au plaisir ; la chute ne fut pas lourde, pourtant il se la reprocha longtemps ; pour célébrer la fête de Saint-Nicolas, doublement solennelle puisque le saint patron de la jeunesse des écoles l'était aussi de la Lorraine, il se laissa aller au plaisir de festoyer avec ses amis et consacra douze deniers à acheter du vin ; cette petite dépense, si naturelle un jour de fête, lui parut énorme, et il se reprocha toujours d'avoir mal employé cet argent, qu'il estimait pouvoir soulager quelque misère.

Pendant cinq années, Pierre remporta tous ces triomphes d'écolier qui font le bonheur des jeunes gens et flattent la légitime ambition d'un père. Pour ce brillant élève, les succès dépassèrent l'attente de sa famille ; le bruit s'en répandit jusqu'à la cour de Nancy ; à cette époque, le pauvre enfant perdit sa mère.

Ce fut un grand coup pour son cœur aimant ; Dieu voulait le fortifier pour les luttes de la vie, il lui accorda l'adversité comme étant la plus noble école des âmes ; les amis de Dieu savent reconnaître des présents d'amour là où la foule des hommes ne voit que des épreuves ou des malheurs.

Anne Nacquart, profondément chrétienne, avait désiré qu'un de ses fils se consacrât au service de l'autel ; Pierre le savait, et n'oublia jamais la sainte ambition de sa mère. Ce désir correspondait d'ailleurs aux aspirations les plus élevées de l'âme du saint jeune homme : entre le cœur d'une mère et celui de son fils, il est sans doute des liens mystérieux qui disposent instinctivement l'enfant à vouloir ce que sa

1.

mère a rêvé. Le portrait que nous a fait de Pierre Fourier un de ses panégyristes donne une idée de sa nature et de son caractère :

« Quinze ans, c'est l'âge ingrat et
« pourtant décisif, où le caractère se
« dessine, où le fruit se noue avant
« d'arriver à maturité. Il était à craindre
« que la vertu de ce jeune homme ne
« pût supporter le grand air; elle s'en
« accommoda très-bien, et l'on put voir
« quelles racines profondes elle avait
« jetées dans son âme. Il se livra avec
« ardeur à l'étude; ce n'était pas de sa
« part une affaire de mode, encore
« moins une recherche de vanité, c'était
« un devoir de conscience. Il voyait la
« gloire de Dieu et le respect de la
« volonté paternelle intéressés dans son

« travail ; et ce travail même était une
« diversion utile qui protégeait sa vertu
« en occupant fortement son esprit.

« Ce ne fut pas le seul moyen qu'il
« employa pour se préserver des sur-
« prises de son âge : modeste dans son
« maintien, l'œil ouvert sur Dieu, pru-
« dent dans le choix de ses amitiés,
« dans sa dévotion, avide de tout exer-
« cice propre à fortifier la piété, réglé
« et mortifié dans sa vie, il ne croyait
« pouvoir en faire trop pour conserver
« intacte son innocence baptismale. Sa
« ferveur alla jusqu'à l'indiscrétion, et
« son père dut intervenir pour modérer
« ses austérités.

« Un si rare mérite dans un âge qui
« en offre habituellement si peu, lui
« valut la confiance universelle, et il

« sortait à peine des bancs qu'il fut
« jugé capable de former lui-même la
« jeunesse à la science et à la vertu.
« Voilà les Saints ; leur générosité
« dévore le temps ; pendant que nous
« nous traînons péniblement dans la
« voie des commandements de Dieu,
« eux, par la pratique des conseils,
« arrivent rapidement au sommet de la
« perfection ; nous cherchions en eux
« des disciples, et déjà nous trouvons
« des maîtres. »

Pierre Fourier comprenait toute l'importance de l'éducation, et il reconnaissait la vérité de cette parole : « Pour élever dignement des hommes, il faudrait être au-dessus des faiblesses de l'homme. » Il tâchait de se rendre de plus en plus capable de la tâche qu'il s'était imposée et de former toujours mieux ses élèves à la pratique du bien. Il avait une horreur particulière du mensonge, et disait à ses enfants pour leur en inspirer la haine : « Ecoutez, puisque « Dieu permet de la différence entre les « hommes, vous souffrirez bien que j'y « en mette. Mon gentilhomme à moi, « ce ne sera pas le plus riche, le mieux « vêtu, le plus noble ; non, la vraie « noblesse consiste en la vertu, et par- « tant, les plus vertueux seront mes « gentilshommes et les vicieux seront « mes roturiers; et entre les vicieux, le « menteur sera le plus roturier de tous, « parce qu'il est l'enfant du démon, « père du mensonge, le premier men- « teur du monde. Quelle honte d'être « l'enfant d'un tel père ! Dieu l'a mis

« sous les pieds des anges, eh bien ! le
« menteur sera sous les pieds de ses
« condisciples ; il sera le valet de tous,
« se lèvera le premier, allumera la
« chandelle, fera le feu, balaiera la
« chambre, et servira ses compagnons
« à table, tête nue. »

Toutes les qualités morales du grand
serviteur de Dieu étaient rehaussées par
un extérieur correct, agréable ; à vingt
ans, âge des rêves brillants et de toutes les séductions, son âme était déta-
chée de tous les intérêts du temps et
n'aspirait qu'à des choses d'un ordre
plus élevé.

Frappé de l'ignorance générale et
résolu de dissiper ces ténèbres « autant
que faire se pourrait, » Pierre avait
donc ouvert une école ; son nom et ses

belles qualités étaient déjà bien connues, aussi dès les premiers jours, les plus nobles familles lui confièrent leurs enfants.

Pour lui-même il ne négligeait rien et connaissait aussi bien la grammaire française que la littérature. La poésie, a-t-on dit, est l'exquise expression d'impressions exquises, elle revêt la pensée d'un charme qui plaît toujours à l'esprit et fait même accepter des vérités tristes et sévères. C'est ainsi, sans doute, que la jugeait et la comprenait notre Bien heureux Père ; il se livrait avec plaisir à cette étude et se distrayait en composant des vers, « petites sottises de classe, » disait-il.

Son zèle ne l'attirait pas seulement vers les régions élevées de la société ; plein du véritable esprit de l'Evangile, il se portait plus encore vers les pauvres, les délaissés de la terre.

La base de l'éducation qu'il donnait à tous était le sentiment religieux, parce que c'est le seul qui puisse, dans la force du mot, élever l'homme, et lui communiquer force et courage pour les difficultés de la vie. Le Christianisme né sur une croix et grandi dans les persécutions de l'amphithéàtre ne nie pas la douleur, il la console, la soulage, l'embaume et donne l'énergie de la dominer.

La jeunesse de Pierre Fourier s'écoula dans le calme et l'innocence d'une vie pure et aussi dans la pratique d'austérités étonnantes dans un âge si tendre. Il savait user contre lui-même des douloureux instruments de pénitence ; il pratiqua la mortification, cette vertu si difficile à la jeunesse, et dompta pour jamais les délicatesses de la chair en l'accablant de mauvais traitements. On cite à ce sujet un trait fort édifiant. Pierre avait été invité par quelques personnes de sa famille à se rendre à la petite ville de Nomeny. Afin de lui faciliter le trajet, on avait mis un cheval à sa disposition; le jeune voyageur accepta, mais lorsqu'il se vit isolé dans la campagne, il descendit de son cheval, le conduisit par la bride et goûta la fatigue qu'on avait voulu lui épargner. Le P. Bédel, premier historien de notre Bienheureux, ajoute en terminant l'anecdote cette malicieuse et naïve réflexion : « Le monde dira : Je ne « serais pas si sot. Mais aussi peut-être ne serez-vous jamais si sainct ! »

Pierre Fourier se forme ainsi dans une douce et pieuse retraite à porter le joug du Seigneur ; son âme s'exerce à la pratique des vertus ; la préparation de sa vie est complète, Dieu va se servir de lui comme d'un instrument pour sa gloire.

CHAPITRE II

La jeunesse, plus qu'aucun autre âge, est sensible à la voix de Dieu, dit le Père Lacordaire. Fourier, de bonne heure, entendit l'appel d'en haut, il écouta au fond de lui-même Jésus-Christ qui lui demandait sa vie et répondit comme un fidèle serviteur : « Me voici, Seigneur, que voulez-vous de moi ! »

Dieu avait vu dans cette âme la foi, le dévouement. Il avait porté un œil jaloux sur ce riche trésor ; il le marqua d'un caractère ineffaçable et lui dit : Tu seras à moi.

Quel honneur pour une âme d'être toute à Dieu ! et qu'il est grand le ministère du prêtre ! Le prêtre, c'est le suppléant de Jésus-Christ, l'administrateur de ses biens, le ministre de la miséricorde et de la clémence. Mais c'est surtout par cette dernière prérogative qu'il se rapproche de son divin maître et modèle : Jésus-Christ est venu pour sauver le monde. Il a établi son Eglise, l'œuvre de son amour, et Il a créé des cœurs de prêtres, c'est-à-dire des cœurs purs, dévoués, remplis de zèle et, par-dessus tout, miséricordieux. La miséricorde doit donc être le fond de la nature du prêtre. Cette belle vertu ne se rencontre presque jamais dans la jeunesse, elle est le privilège de ceux qui ont vécu.

Pourquoi donc ? parce que la jeunesse ne connaît point assez tout ce qu'il y a de faible, de languissant, de malade dans la nature humaine ; elle n'est point tombée, elle n'excuse pas les chutes, elle ne les comprend pas. Sa pureté craindrait de se souiller au contact d'un être corrompu ; elle ne peut éprouver pour lui que du mépris.

La maturité est plus miséricordieuse : est-ce à dire qu'elle soit coupable et qu'elle excuse les fautes parcequ'elle les a commises ? Non, assurément ; l'âge viril peut posséder la même innocence que la jeunesse, mais alors combien cette vertu est plus méritoire ! Une âme ayant vécu long-temps sur cette terre, mais jeune encore d'innocence et de pureté, quel spectacle consolant et admirable ! Pour garder sa blancheur, quelle énergie cette âme a déployée ! et quel courage il lui a fallu pour résister au choc des passions, à l'entraînement du mal, des convoitises, du monde, de tout ce qui tente si violemment la volonté de l'homme. Elle s'est vue sur le point de succomber et le souvenir de ses luttes l'empêche de mépriser les malheureux déchus, les âmes souillées ; elle est d'autant plus miséricordieuse qu'elle comprend davantage le prix de la vertu.

La miséricorde est donc le caractère distinctif du vrai prêtre de Jésus-Christ ; sa mission est, comme celle de ce divin Sauveur, une mission de paix et d'amour et il en recueillera les fruits avec d'autant plus d'abondance qu'il portera davantage en lui la ressemblance de son maître adoré, qui vécut et mourut pour le salut du monde.

Telle est la vocation du prêtre ! vocation sublime entre toutes ! L'homme alors s'élève tellement qu'il abandonne en quelque sorte les misères de sa nature pour s'approcher bien près de Dieu, se confondre avec lui dans un même holocauste, puisque, d'après le Père Lacordaire, « le sacerdoce, c'est l'immolation de l'homme ajoutée à celle de Dieu. »

Pierre Fourier pria de toute son âme pour obtenir lumière et force dans cette circonstance décisive de sa vie. Il ne désirait qu'une seule chose : connaître et suivre la volonté divine, et il ne négligea rien pour parvenir à ce but. Dieu répondit à la prière humble et modeste de son fidèle serviteur, comme il le fait toujours pour ceux qui le cherchent de bonne foi en réclamant son secours.

Pierre, obéissant à la voix secrète qui l'appelait dans la solitude, entra, en 1586, à l'abbaye de Chaumousay, chez les chanoines réguliers de Saint-Augustin.

Ce monastère avait été, pendant de longs siècles, un modèle de régularité, mais avec le temps, de graves abus s'y étaient introduits ; l'esprit de Dieu ne reposait plus dans cette maison, et il était facile de la croire près de sa chute.

L'étonnement fut donc général quand Pierre eut déclaré sa résolution, et chacun déplorait le malheur de voir

« un si beau diamant sous la mousse
« et une fleur odoriférante parmi les
« ronces et les épines. »

Avait-il véritablement compris dans
quelle Communauté il entrait ? On peut
en douter, car, dit l'un de ses histo-
riens, M. l'abbé Chapia, « l'âme pure et
« simple ne connaît point le mal, surtout
« elle ne le devine pas si haut. »

Les contemporains de Fourier pouvaient, ce semble, à bon droit, critiquer
le choix qu'il avait fait ; cependant,
aujourd'hui nous l'en félicitons, parce
qu'il sut purifier ce qui était corrompu,
relever ce qui était tombé et faire
revivre l'empire des vertus dans ce
monastère déchu de son antique régularité.

Le doigt de Dieu l'avait conduit à
Chaumousey pour y être d'abord l'Ange

de l'édification, et bientôt un saint réformateur.

L'Abbé sut apprécier le trésor qui s'était donné à lui et résolut de faire élever Pierre à la prêtrise. L'humble religieux, se croyant indigne d'un tel honneur, ne consentit à la recevoir que par obéissance. Et cependant sa vie était d'une pureté parfaite, sa soumission absolue, et les mauvais exemples qu'il recevait de tous côtés ne pouvaient que donner un nouvel élan à sa vertu. Terrible leçon pour la foule des chrétiens si lâches dans le service de Dieu, si peu empressés de lui prouver leur amour, et qui, malgré cela, s'approchent sans trembler des redoutables mystères. Nous ne comprenons pas, nous ne sentons pas assez la grandeur et la sainteté infinies de celui qui se donne à nous dans l'auguste Sacrement de l'autel. Si du moins nous savions l'aimer et goûter les bienfaits de sa présence parmi nous ! *Si scires donum Dei !*

Labbé de Chaumousey voulut procurer à notre Bienheureux les moyens de développer ses talents et lui fit suivre le cours de théologie dans une grande université.

Le jeune prêtre se rendit à Pont-à-Mousson, encore embaumé pour lui des souvenirs de son adolescence. Il eut le bonheur d'y rencontrer le Père Jean Fourier, son parent, alors recteur de l'Université. Ce saint religieux de la Compagnie de Jésus avait, à Paris, dirigé dans la vie intérieure l'illustre François de Sales, encore étudiant. Il

accueillit avec joie celui qu'il prévoyait
devoir être un jour la gloire de sa
famille ; Pierre, de son côté, heureux
de se voir placé sous une telle direction,
s'adonna avec ardeur à l'étude de la
théologie qui est « la fin de toutes les
« sciences, comme Dieu est la fin de
« toutes choses.» Ses maîtres, ses condisciples lui rendent témoignage sur ce
point, mais ils ne savaient ce qui
dominait en lui, science ou vertu ?

Il se passionnait pour la sainte Ecri-
ture, et connaissait de mémoire les
psaumes de David et les épîtres de
saint Paul. Les Pères et les Docteurs
de l'Eglise, et spécialement l'Ange de
l'École, lui étaient aussi très familiers ;
aussi avait-on coutume de dire : « Si
« la *Somme* de saint Thomas venait

« à se perdre, on la retrouverait sur
« les lèvres de Fourier.»

Une piété alimentée par une source
si riche ne pouvait être que grande,
éclairée et profonde. Pierre Fourier
devint par ses travaux l'un des hommes
les plus éminents de son siècle, pour le
savoir comme pour la sainteté. Nul ne
s'estima jamais si peu que lui-même ;
l'humilité, cette fleur du christianisme,
resplendissait en lui d'un merveilleux
éclat. On le vit bientôt en donner
un sublime exemple : au milieu de ses
brillantes études, le jeune prêtre fut
rappelé par ses supérieurs ; il sacrifia
sa gloire à l'obéissance et revint à
Chaumousey, acceptant une vie en apparence inutile, mais féconde devant Dieu.
Sa vie fut dans ce monastère ce qu'elle

avait toujours été : un modèle de piété et de mortification. Une vertu si pure et si belle gêna les chanoines déréglés, qui, ne pouvant se résoudre à marcher sur ses traces, s'acharnèrent à le persécuter. Le détail des mauvais traitements dont il fut l'objet révolte encore après trois cents ans, et l'on ne sait auquel de ces deux sentiments livrer son âme : le mépris des hommes qui commettaient dans un lieu de prière des actions indignes ou l'admiration pour le grand serviteur de Dieu dont la sainteté se montrait si admirablement forte : « Il « connut l'envie, la haine, la fureur, « d'autant plus puissantes qu'elles sortent « de cœurs où la charité doit le plus « impérieusement régner.» *(P. Lacordaire.)*

Notre siècle impie se moque des saints,

il les bafoue, il les méprise ; et cependant, y a-t-il sur la terre quelque chose de plus grand, de plus majestueux que la sainteté ? Mais suivons l'exemple de ceux qui l'ont pratiquée ; pardonnons aux hommes et bénissons le Seigneur.

L'Abbé comprit enfin que Fourier ne pouvait rester plus longtemps en butte à cette persécution générale et il résolut de mettre fin à son martyre. N'ayant point l'énergie de ramener au devoir ses subordonnés, il sut du moins soustraire à leur tyrannie la douce victime qu'ils avaient si indignement traitée. Il exigea que Pierre Fourier acceptât l'un des trois bénéfices qu'on lui offrait.

« C'était le langage du temps, dit le « Père Lacordaire ; le monde croyait peut-

« être que par ces bénéfices on en-
« tendait l'avantage extérieur attaché
« à la possession d'une église, et j'ignore
« s'il en était ainsi ; mais, devant Dieu,
« le bénéfice, ce sont les âmes. Tant qu'il
« y aura des âmes données à une autre
« âme pour les bénir et les gouverner
« dans la voie de Dieu, il y aura des
« bénéfices et l'on ne saurait en ima-
« giner de plus grands. Les rois de la
« terre reçoivent des empires, ils ne
« reçoivent pas des âmes ; leur béné-
« fice n'est rien devant celui du plus
« pauvre curé de village. »

Le jeune prêtre eut à choisir entre
Nomény, Saint-Martin de Pont-à-Mousson
et Mattaincourt ; les deux premiers
offraient de grands avantages selon le
monde, aussi Fourier porta-t-il son choix

sur la plus pauvre paroisse, et désormais nous allons le voir s'y dépenser tout entier pour la gloire de Dieu et le salut des âmes. Les saints sont toujours prêts à faire le bien, alors même que nul homme ne leur en tiendra compte, car ils vivent sous l'œil de Dieu et n'ambitionnent qu'une chose : être connus de lui seul et agir uniquement pour lui.

CHAPITRE III

PIERRE FOURIER CURÉ DE MATTAINCOURT

Qu'était-ce donc que cette petite paroisse de Mattaincourt pour que Pierre Fourier la choisît ?

Le Père Bédel nous l'apprend : c'était une paroisse où il y avait « plus de vices à « corriger que de vertus à imiter. L'igno- « rance d'un Dieu y était si profonde que « Satan parmy ces ténèbres en desbauchait « un grand nombre et les engageait à son « service par mille souplesses. L'athéisme « y régnait ; l'hérésie en perdait plusieurs ;

« le libertinage y était si commun qu'on ne
« se fût pas cru parmi des chrétiens. »

Pierre Fourier ne fut pas effrayé par
tant de misères morales et il résolut
courageusement d'y porter remède. Il lui
fallait conquérir des âmes, tâche sublime
et sainte, mais laborieuse entre toutes.

La matière cède plus facilement que
l'esprit : Dieu lui-même, malgré sa toute
puissance, ne force pas une âme. Il l'a créée
libre et n'en prendra possession, que si
elle consent à se donner à lui.

L'âme humaine ne peut donc être
violentée, elle résiste et se cabre en face
des obstacles qui arrêtent ses desseins,
comme le cheval fougueux frémit sous la
main de celui qui veut le dompter. Une
seule arme peut la vaincre, c'est la persua-
sion. Aussi le Seigneur, pour nous faire

accepter sa loi sainte, nous y engage-t-il par ces divines paroles : « Prenez mon « joug sur vous... Et vous trouverez le « repos de vos âmes, car mon joug est « doux et mon fardeau léger. »

Fourier ne se dissimulait pas les diffi-cultés qu'entraîne cette conquête, mais il en comprenait aussi tout le prix et, comme un nouveau François Xavier, il disait dans l'ardeur de son zèle : « Gagner « une âme ! Jésus ! c'est plus que créer « un monde ! »

Il avait non-seulement une âme, mais un petit peuple d'âmes à donner à Dieu ; en face de semblables obligations son courage ne faiblit point : se souvenant de la parole des anges, si douce à ceux qui cherchent uniquement le Seigneur : « Paix « aux hommes de bonne volonté ! » il résolut de travailler au salut de ses frères et de dépenser toutes ses forces dans la poursuite de ce noble but.

Si petite que fût sa paroisse, il se consacra entièrement à elle et ne trouva point que trente-deux ans de préparation fussent trop longs pour les simples paysans de Mattaincourt. Dès qu'il avait mission de sauver leurs âmes, c'était assez pour que tout ce qu'il possédait, talent, intelligence, dévouement, vie même, tout fût à eux.

« Il n'y a pas de petite assemblée » parmi les âmes ; une âme est à elle » seule un grand peuple. » *(P. Lacordaire)*.

Notre Bienheureux n'ignorait pas que le curé doit être orné, aux yeux de ses paroissiens, de toutes les vertus : l'exemple frappe plus que les paroles ; si le prêtre mène une vie sainte, mortifiée, son enseignement pénètrera dans le cœur de ses enfants spirituels et y produira d'excellents fruits de salut. La sainteté est le seul moyen mis à la disposition du prêtre pour acquérir l'estime de son peuple ; or, cette estime est indispensable : on n'écoute les hommes qu'autant qu'on les respecte.

Trois vertus, difficiles à la nature, mais indispensables au salut, manquent généralement dans la société : mortification, désintéressement, charité. Si le prêtre veut les faire apprécier, il doit avant tout en donner dans sa conduite un exemple permanent : nulle trace en lui d'attachement aux richesses et aux biens de ce monde, aucune recherche des jouissances matérielles et de tout ce qui flatte les sens ; par dessus tout, amour des âmes qui arrête le mépris, l'ironie, et qui fasse sentir au pécheur que le prêtre n'est pas un juge impitoyable, mais un doux et charitable médecin, sachant soigner toutes les blessures sans se laisser rebuter par leur hideux aspect.

Pour bien remplir ces pénibles devoirs, quel amour pour Dieu d'abord, pour les hommes ensuite, le ministre de Jésus-Christ ne doit-il pas puiser dans le cœur de son divin Maître ! Telle fut, durant les quarante ans de son apostolat, la conduite de Pierre Fourier. Un mot sorti de son cœur nous révèle toute l'étendue de sa charité pour ceux que la divine Providence lui avait confiés : « Vous ne pourrez » jamais savoir comme un curé aime ses » paroissiens si vous ne l'êtes vous-même.

» Toutes les comparaisons qu'on allègue
» d'une mère envers son enfant, d'une
» poule pour ses petits, ne l'expriment
» pas assez, et tous les livres qui en
» parlent n'en disent pas la moitié ; il
» faut l'expérience pour comprendre cette
» vérité. »

Et dans une autre circonstance : « Il
» faut être curé pour sentir quelle affec-
» tion je porte à mes paroissiens, en
» quelle peine je me trouve lorsque je
» les vois affligés, et combien je mérite
» d'être excusé si, pendant qu'ils sont
» tous ensemble travaillés injustement,
» je me dispense de vaquer à d'autres
» affaires. »

Le prêtre, en général, mais surtout le
curé de campagne, ne doit pas oublier que
tous les yeux sont fixés sur lui, et que

beaucoup seraient heureux de trouver à redire dans sa conduite ; sa vertu doit être au-dessus de tout soupçon. Dès le premier instant de son ministère, Pierre Fourier fit voir qu'il possédait les qualités sacerdotales nécessaires à sa mission. Ses paroissiens reconnurent en lui l'homme de Dieu par excellence. Ces pauvres gens ne connaissaient plus rien de la religion ; habitués à vivre sans tenir aucun compte de la loi de Dieu, ils se laissaient entraîner à tous les dérèglements.

Mais le saint curé eut bientôt renouvelé cette paroisse désolée. Il voulut, en premier lieu, multiplier les instructions, les catéchismes, pour combattre l'igno- rance, cause première de tant de maux. Dieu est mal servi parce qu'il n'est pas connu. Le Bienheureux préparait ses discours avec soin, afin de produire une plus forte impression sur ses ouailles ; il était toujours éloquent, car ses paroles sortaient d'un cœur brûlant d'amour pour Dieu et pour les âmes. Son premier sermon laissa une trace ineffaçable dans la mémoire et le cœur de tous ceux qui l'entendirent.

— « Mes enfants, dit-il, Dieu se donne » aux hommes sous les espèces sacramen- » telles sans chercher d'autre intérêt que » le bien et le salut de ceux qui le reçoi- » vent ; ainsi je me donne à vous en ce » jour, non pour l'honneur, non pour les » richesses, mais pour le bien de vos âmes » que je veux sauver, quand je devrais » perdre et mon sang et ma vie. » Sa vie entière devait admirablement réaliser ce programme d'un véritable Pasteur.

Pierre Fourier avait pris possession de sa paroisse le jour de la Fête-Dieu (1595), mettant ainsi sous la garde de Jésus-Eucharistie le peuple dont Dieu l'avait fait père ; aussi était-ce à ce divin Sauveur qu'il avait recours dans toutes ses difficultés et ses angoisses, près de lui qu'il trouvait force et courage pour lutter contre les obstacles qui venaient entraver les efforts de son zèle.

Grands furent ces obstacles, car les passions enracinées par une longue habitude ne peuvent être que lentement extirpées. Aussi le saint prêtre, sachant que les premières impressions reçues dans la vie agissent plus fortement et laissent des traces plus profondes sur l'esprit et le cœur de l'homme, s'occupa-t-il des enfants avec une sollicitude particulière.

Il sentait d'ailleurs que le moyen de renouveler sa paroisse serait de donner à la génération nouvelle qui croissait sous ses regards la sève de vie chrétienne qui avait manqué à ses devancières. Pour réussir dans ce dessein, et gagner en même temps le cœur des parents, si sensibles à tout ce qui touche leurs enfants, il conçut et réalisa le gracieux projet de faire prononcer par ces derniers de petits discours empreints de cette naïve simplicité que possèdent les « petits bambins » de neuf ou dix ans. C'étaient eux qui, devenus tout-à-coup orateurs, redisaient à leurs parents émus les grands devoirs de la vie ; l'éloquence modeste de ces jeunes prédicateurs, la grâce avec laquelle ils s'acquittaient de leur mission, impressionnaient fortement les âmes et les disposaient à rentrer dans la voie du bien ; on parlait de ces entretiens pendant la semaine ; souvent même les parents se faisaient répéter par leurs enfants ce que déjà ils avaient entendu le dimanche ; et, peu à peu, ils en vinrent à mettre en pratique ce que, de tant de manières, recommandait le saint Pasteur.

Le zèle est vraiment ingénieux dans les moyens qu'il emploie pour atteindre son but. Pierre Fourier se rendait dans les maisons particulières ; là, il enseignait à un petit groupe les vérités fondamentales de la religion, engageait ses auditeurs à fréquenter les sacrements de Pénitence et d'Eucharistie et les suppliait, pour l'amour de Dieu, de conformer leur vie au divin modèle qu'il leur présentait à imiter.

Au saint tribunal surtout, il exerçait

l'ascendant de sa vertu ; son âme passait tout entière dans les exhortations qu'il adressait aux pécheurs repentants, les encourageant par sa touchante bonté à recourir à lui en toute confiance.

— « Ne craignez pas que je vous
» tance, leur disait-il ; vous avez péché,
» sans doute, mais plutôt par ignorance
» que par malice. Eh quoi ! que je sois si
» indiscret de rudoyer ceux qui, dans un
» moment, seront en la grâce de Dieu, et
» ne pardonner pas à des personnes à
» qui Celui qu'elles ont offensé est prêt
» à pardonner ! je serais bien mal avisé.
» Non, mes amis, venez, ne craignez pas;
» nous adoucirons la médecine selon notre
» pouvoir, et parce qu'on ne se peut
» assurer de sa vie, commençons dès
» demain, je vous prie. »

Le lendemain, dès l'aurore, il se trouvait au confessionnal, écoutant avec une patience inaltérable les aveux de ses pénitents, et s'efforçant de leur inspirer une contrition aussi sincère qu'efficace.

Dieu se plut à bénir les travaux de son humble serviteur : Mattaincourt devint en peu de temps méconnaissable ; les enseignements du bon Père, soutenus par ses exemples et fécondés par la grâce divine, avaient porté leurs fruits. La transformation fut complète; la « petite Genève », ainsi l'appelait-on autrefois, à causes des vices et de l'hérésie qui y régnaient, était devenue un sanctuaire de dévotion et un sujet d'édification pour toute la contrée.

Toutefois il restait encore à Mattaincourt quelques cœurs endurcis qui refusaient de rendre les armes et de changer de vie.

Ces pauvres égarés étaient pour leur saint Pasteur l'objet d'une sollicitude aussi vive que constante ; pour les retirer de l'abîme de perdition où l'ennemi du salut les avait plongés, il eût tout fait, mais, hélas ! l'homme a le funeste pouvoir de faire un mauvais usage de la liberté que Dieu lui a donnée pour l'accomplissement du bien. « La liberté, » dit Bossuet, a été donnée à l'homme, » non pour secouer le joug, mais pour le » porter avec honneur. »

La « bande perdue », comme l'appelait le bon Père, n'était qu'une très minime partie de sa paroisse, et il travaillait chaque jour à lui arracher quelques membres ; bien peu résistèrent à l'appel de sa tendre charité qui ne reculait devant aucun moyen pour les ramener à Dieu.

Prières, supplications, menaces, tout était mis en œuvre par Fourier pour réussir dans cette noble entreprise ; et lorsque ses héroïques efforts étaient demeurés sans succès, il courait au Tabernacle comme à son refuge le plus cher et le plus assuré, et là, se prosternant devant le divin Prisonnier d'amour, il le suppliait avec larmes de triompher enfin par sa grâce de ces âmes rebelles et opiniâtres.

« Grand Dieu, disait-il, ou effacez-moi
» du livre des vivants, ou remédiez à
» ce désastre ; je veux être anathème pour
» mes enfants ; c'est à Vous de manier
» les cœurs ; Vous êtes leur premier
» curé, je ne suis que votre dernier

» vicaire, faites ce qui m'est impossible. »

Le zèle de notre Bienheureux ne se bornait pas seulement à faire rentrer au bercail les brebis égarées, il travaillait à assurer leur persévérance en même temps qu'à augmenter la ferveur des âmes qui, plus dociles, avaient d'abord répondu à la grâce. Il établit dans ce but diverses confréries, entre autres celle du saint Rosaire, auquel il avait une grande dévotion, et une autre sous l'invocation de l'Immaculée Mère de Dieu, et spécialement destinée aux jeunes filles de Mattaincourt. Le fidèle serviteur de Marie se souvenait toujours avec bonheur d'avoir, à l'Université de Pont-à-Mousson, fait partie de la Congrégation de la très-sainte Vierge, et se croyait, avec raison, redevable à cette auguste Reine des Anges des grâces de préservation accordées à sa jeunesse.

Aussi conserva-t-il toujours pour sa Mère bien-aimée une reconnaissance toute filiale, et voulut-il placer sous sa puissante protection, les œuvres qu'il avait entreprises pour la gloire de Dieu et le salut de ses frères.

Mais la sollicitude de Pierre Fourier pour les intérêts spirituels de sa paroisse, ne lui en laissait pas oublier les besoins matériels, qui étaient grands, eux aussi. Bon nombre d'habitants manquaient des choses les plus indispensables, et quand le corps souffre trop, l'âme ne peut pas être ardente à ses devoirs. Fourier sut remédier à ce double mal. Usant de l'autorité que lui conférait sa charge d'administrateur temporel de Mattaincourt, il fonda plusieurs institutions utiles, et spécialement la bourse de Saint-Evre. C'était une société de secours, une sorte d'assurance mutuelle, destinée à fournir aux marchands gênés dans leur négoce le moyen de réparer leurs pertes. Tous ceux qui connaissaient le besoin avaient le droit de participer aux bienfaits de l'association. La bourse de Saint-Evre se composait d'offrandes volontaires, d'amendes, de legs pieux. Chacun pouvait y recourir, à la seule condition de rembourser un jour, si la Providence divine lui en donnait les moyens, ce qui lui avait été prêté. Ainsi, un humble curé de village préludait, avec les seules ressources de sa charité, aux sociétés de bienfaisance dont s'enorgueillissent nos temps modernes !

Pierre Fourier se multipliait pour secourir toutes les misères de son peuple ; il se faisait mendiant pour les soulager ; son ingénieuse tendresse pour ses pauvres bien-aimés lui faisait trouver mille industries pour subvenir aux nécessités de ces « anoblis de Jésus-Christ », ainsi les nommait-il.

Non seulement il donnait beaucoup, mais il le faisait avec une délicatesse touchante qui doublait le prix du bienfait. Le pauvre ne rougissait point de lui tendre la main, et notre Bienheureux avait le secret de faire croire que lui-même était l'obligé. Il rendait d'immenses services, il en rendait de très humbles, toujours avec la même dignité modeste qui commande le respect et montre que « l'on ne s'abaisse jamais quand on se dévoue. »

Le cœur du saint prêtre ne s'enflait point des bonnes œuvres qu'il accomplissait; en serviteur fidèle, il rapportait tout à Dieu. Son humilité le portait au contraire à se considérer et se traiter comme le dernier de tous, et à cacher, autant qu'il était en lui, ce qui pouvait lui attirer louange et réputation.

Le trait suivant en est la preuve : l'Evêque de Toul avait donné mission à un prêtre de visiter toutes les églises de son diocèse ; lorsque l'envoyé épiscopal fut arrivé à Mattaincourt, il admira la piété de la paroisse, la bonne uédcation que recevait la jeunesse, l'ordre admirable établi en toutes choses, et pensa qu'un si parfait administrateur avait dû faire de fortes études. Dans le cours d'une conversation, il demanda donc à Fourier en quelle classe il avait étudié. Sans se déconcerter en aucune façon, notre Bienheureux lui répond avec un respectueux salut : « Mon Révérend Père, j'ai étudié en quatrième. » Le visiteur, de plus en plus surpris, fit son rapport sur la paroisse de Mattaincourt ; « mais, » ajouta-t-il, ce qui m'émerveille, c'est » qu'un homme qui n'a étudié qu'en » quatrième, ait pu faire de si grandes » choses en si peu de temps. » Le prélat, qui connaissait tout le mérite et le zèle du serviteur de Dieu, s'amusa beaucoup de cette méprise, et détrompa son député en lui faisant connaître quel était celui qu'il avait pris pour un homme simple et ignorant.

Le Pasteur que Dieu avait préposé

à la garde de l'antique église de Toul était alors Monseigneur des Porcelets de Maillane. Ami et bienfaiteur de Pierre Fourier, il eut en lui une confiance absolue, et l'honora toujours de sa haute bienveillance : « Je souhaiterais, » disait-il, d'avoir seulement cinq prêtres » semblables à celui-là : un à chaque coin » de mon diocèse, et l'autre au milieu. »

Bientôt, pour confirmer ce témoignage de son estime envers le saint prêtre, il lui confiait une difficile mission, bien propre cependant à enflammer le courage de l'homme de Dieu, dont l'unique but était la gloire de ce bon Maître et le salut des âmes rachetées par le sang de Jésus-Christ.

Les comtés de Salm et de Badonviller, depuis de longues années envahis par l'hérésie, avaient résisté à tous les moyens employés par leurs seigneurs pour les ramener à la vraie foi.

En vain les disciples d'Ignace avaient travaillé avec une ardeur infatigable à défricher ce champ semé de ronces et d'épines, il était réservé à notre Bienheureux Père de mettre la dernière main à cette grande œuvre et de recueillir enfin cette riche moisson.

L'évêque de Toul, voyant l'insuccès de tous les efforts, se tourna vers Fourier et demanda son aide puissante. Le saint prêtre se rendit à Badonviller et réunit d'abord le petit nombre de catholiques qui restaient, afin de leur rappeler les devoirs de la religion ; sa réputation d'éloquence et de sainteté attira bientôt les protestants ; sa charité les gagna, son zèle les convertit ; cette mission eut un succès complet, aussi beau qu'inespéré. Il n'accusait pas les hérétiques, compatissait à leur aveuglement et ne voyait en eux que des frères égarés, « de pauvres étrangers » qu'il fallait ramener à Dieu.

Six mois après son arrivée à Badonviller, Pierre Fourier rentrait dans sa paroisse et se livrait plus que jamais à la noble tâche qu'il avait à remplir. Des liens étroits unirent le pasteur et les brebis ; Mattaincourt n'était plus qu'une grande famille ; les peines, les ennuis, les malheurs, les félicités, tout était commun entre Fourier et ses enfants. Tous l'aimaient : leur joie était de le voir au milieu d'eux, de l'entourer, de ne pas le perdre de vue.

Et lui, petit avec les petits, doux avec les timides, compatissant envers les faibles et les affligés, se faisait tout à tous, ne s'estimait heureux qu'au milieu de son troupeau chéri. Son amour lui conquit tous les cœurs, et dans leur naïf enthousiasme, ne trouvant qu'un mot qui répondît à leur vénération pour l'homme de Dieu, ils le nommèrent le Bon Père !

CHAPITRE IV.

« Quand Dieu créa le cœur et les
» entrailles de l'homme, dit Bossuet,
» Il y mit premièrement la bonté comme
» le propre caractère de la nature
» divine. » Enfants de Dieu, nous
devions naturellement avoir en nous ce
quelque chose par lequel on reconnaît
un père dans son fils, et le Seigneur
voulut que ce trait fût la bonté.

Les hommes l'ont bien senti, et le
peuple, comprenant que sur la terre
Dieu se manifeste surtout par cet attri-

but, le plus doux de tous, a dit dans une inspiration sublime : le bon Dieu.

L'idée que les anciens s'étaient faite de la divinité était bien différente; ils voyaient en elle un Etre infini en gloire et en bonheur, retiré dans les profondeurs du ciel et s'inquiétant peu des hommes qui souffrent ici-bas. Ils avaient dit alors : Dieu est grand, Dieu est saint, mais nul n'avait dit : le bon Dieu !

Tout-à-coup Jésus-Christ paraît, apportant au monde une religion nouvelle. Bien des philosophes ont tenté cette œuvre avant lui, ils ont toujours échoué; d'où vient donc que les foules se pressent autour du Sauveur ? C'est qu'il a su deviner le cœur de l'homme, il se l'est attaché, il s'en est fait aimer; bien loin de lui représenter Dieu comme inaccessible à l'humaine faiblesse, il l'a fait voir sous les traits d'un Père tendre, miséricordieux, bon enfin. Si Jésus-Christ s'était montré aux yeux du monde comme un maître puissant, comme le roi du ciel et de la terre, il aurait peut-être captivé quelques esprits élevés, mais le peuple ne se serait pas attaché à lui, il eût tremblé devant un Dieu qui n'aurait pris de l'humanité que les grandeurs et ne l'aurait pas aimé jusqu'à lui donner tout son sang.

Et le contraire a eu lieu : le monde s'est levé et il a suivi les traces du divin Sauveur, car « on résiste à la lumière, on » résiste à la puissance, on résiste à la » grandeur, on ne résiste pas à la » bonté. » *(Mgr Dupanloup.)*

Pour obtenir la confiance de l'homme, il faut avant tout gagner son cœur, et par quel moyen y arrive-t-on? par la bonté, par l'amour. Oui, le cœur, cette grande puissance qui régit l'homme tout entier, qui l'élève aux plus hauts sommets de la vertu comme il le fait descendre aux plus infimes bassesses du vice, le cœur se laisse prendre aux doux attraits de la bonté. Pour relever l'homme déchu, il fallait avant tout éprouver pour lui un amour ardent et pur qui sût le comprendre, lui pardonner et le soutenir dans la voie semée de ronces et d'épines qui s'ouvrait devant lui.

Jésus-Christ l'a fait. Il a tendu la main à notre misère et il a prononcé ces divines paroles : « Venez à moi, vous qui êtes » accablés et qui souffrez, et je vous » soulagerai. »

Aussi tous les cœurs ont répondu à cet appel sublime, heureux de trouver réunis dans le cœur de l'Homme-Dieu, la bonté qui pardonne et la puissance qui relève.

Qui donc, avant lui, avait prononcé d'aussi consolantes paroles ? Qui donc avait aimé les pécheurs, les malheureux, les enfants comme il l'a fait ? S'il parle sévèrement, c'est pour les défendre contre ceux qui les attaquent, et cela est encore de la bonté. Voir le mal s'accomplir sous son regard et ne pas condamner pour ne point faire souffrir n'est pas de la bonté ; cette vertu, telle que Dieu l'entend et telle qu'il la pratique, n'admet pas le mal ; elle veut le bien, l'encourage partout où elle le rencontre, et s'il faut blesser pour guérir, elle s'y résignera: le devoir l'exige.

Non seulement Jésus-Christ nous a témoigné une tendresse infinie, mais encore Il a voulu que d'autres après lui continuassent l'œuvre de régénération entreprise par son amour.

Le Bienheureux Pierre Fourier fut un de ces cœurs d'élite choisis par le divin Maître pour être ses coopérateurs et les continuateurs de sa mission. Bon envers les affligés, les pauvres, les pécheurs, bon envers tous, il changea sa paroisse, autant par les soins corporels qu'il donnait à ses enfants, que par les biens spirituels dont il enrichissait leurs âmes.

« Le pauvre venait à lui naturellement,
» il ne le refusait jamais, car n'y eût-
» il rien, il y avait encore Fourier.
» Dans les grandes fêtes de l'année, et

» tandis que les riches s'environnaient
» de leurs amis, lui, songeait à ses
» pauvres et leur préparait un petit
» festin qui leur rappelât avec joie le
» mystère du jour. Si quelques noces
» avaient lieu dans sa paroisse, il allait
» y chercher la part de ceux qui n'ont
» plus de noces ici-bas, et il les faisait
» entrer par leurs bénédictions dans la
» famille nouvelle que lui-même avait
» bénie le matin. Il avait coutume de
» se tenir, chaque jour, au devant de
» sa porte pendant quelques heures, si
» grand froid qu'il fît, afin qu'on l'abordât
» sans peine et que les plus timides ne
» vinssent pas à craindre de le déranger. »
(P. Lacordaire).

« Il s'informait, dit un de ses biogra-
» phes, par quelle voie chacun de ses

» paroissiens gagnait sa vie, le profit
» qu'ils faisaient dans leur commerce, afin
» de reconnaître les pauvres honteux ; et
» aussitôt qu'il en découvrait quelqu'un,
» il faisait le soir porter du blé dans un
» coin de sa maison, et, l'allant visiter, il
» cachait quelque somme d'argent sous
» une salière, une couverture de lit ou
» quelque autre ustensile. »

Tous avaient recours à sa charité, car il ne se lassait jamais de faire du bien : « Celui-ci, dit le *Père Bédel*, lui demandait
» un peu d'argent pour avoir du beurre,
» celle-ci pour avoir du lait à son enfant,
» un autre pour avoir des souliers. »

Notre Seigneur a dit : « *Si vous aviez*
» *de la foi, gros comme un grain de sénevé,*
» *vous transporteriez les montagnes ;* » et nous avons vu des exemples de ce qu'une

foi naïve et simple peut obtenir de la libéralité divine. Le trait suivant nous le montre d'une manière bien frappante.

Une pauvre femme vint un jour demander au Bienheureux Père un boisseau de blé ; le bon curé donne aussitôt l'ordre de le lui livrer. — « Mais, mon Père, il n'y a plus rien. — Allez voir. — Cela est très sûr, mon Père ; hier j'ai balayé le grenier. — Allez toujours. » On y alla et on trouva la quantité de blé nécessaire pour la pauvre femme à qui Fourier le fit immédiatement remettre.

Les philosophes riront peut-être de ce fait, mais pour nous, nous préférons admirer la bonté de Dieu qui se plaît à venir en aide à ses enfants, pourvu qu'ils aient en lui une entière confiance.

La vie du Bon Père est remplie de ces

anecdotes charmantes. En voici une qui mérite vraiment d'être citée :

« Un jour, lui advint parmi ses pauvres, un malheureux soldat revenant de l'armée avec plus d'appétit que de ressources. Le Père Fourier l'aborde et lui demande quelle aumône lui serait agréable :

— C'est Pâques, mon Père ; pour bien faire, il me faudrait quelques œufs.

Le Père lui en fit donner deux.

— Hélas ! je croyais qu'un homme de votre sorte ne m'en donnerait pas moins d'une demi-douzaine.

Le bon Père avoue qu'il a eu tort, en fait ajouter quatre et lui demande s'il est content.

— Il me faudrait encore du pain pour les manger.

— Oui, oui, vous en aurez ; et le

Père de courir à un morceau du plus blanc et du meilleur.

Ne vous faut-il plus rien ?

Le camarade, voyant qu'il est tombé chez un bon hôte :

— Il faudrait bien, pour une si bonne fête, une petit verre de vin.

Le Père, tout joyeux, va lui quérir du vin, lui verse lui-même à boire et ne le quitte point que le soldat n'eût dit :

— Oh ! je suis content ; je prie Dieu de bon cœur, pour l'honneur de son Eglise, que tous les curés vous ressemblent *(P. Bédel).»*

Poussant l'activité aussi loin que le demandaient les besoins de ses paroissiens, il était non-seulement leur bienfaiteur, leur père, mais encore leur juge. — « Si » vous saviez, disait-il, ce que c'est que

» d'être curé, c'est-à-dire pasteur des
» peuples, père, mère, capitaine, garde,
» sentinelle, médecin, avocat, procureur,
» nourricier, entremetteur, tout à tous. »

Chaque jour, comme saint Louis sous le chêne de Vincennes, il se mettait à la porte de son presbytère, écoutait les plaintes, réconciliait les parties et exigeait des coupables, pour toute amende, une aumône pour ses chers pauvres.

Les contemporains ont dit de lui :

« Il savait distinguer la qualité de
» juge de celle de pasteur : il avait de
» la compassion comme chrétien, de la
» charité comme citoyen, mais comme
» juge, ni passion, ni zèle. »

On lui demandait un jour ce qu'il dirait à un homme qui aurait prêté de l'argent au taux légal, alors très élevé :

« Au tribunal de la justice, répondit-il,
» je ne lui dirais mot ; nous sommes obli-
» gés de suivre les coutumes du pays. Au
» tribunal de la pénitence, je lui deman-
» derais si c’est pour les chrétiens ou pour
» les Turcs qu’il a été dit : Prêtez sans
» usure ! »

Une telle sainteté ne resta pas ignorée
dans cette petite paroisse de Mattaincourt ;
le Père Fourier était trop bon pour qu’il
ne parvînt pas au loin quelque écho
de ses vertus. Le cardinal de Bérulle,
faisant un voyage en Lorraine, désira
le connaître, et voici le portrait qu’il
en a tracé :

« Si l’on voulait voir toutes les vertus
» réunies, il fallait regarder le Père de
» Mattaincourt. Il était si aimable que les
» enfants, qui se plaisent ordinairement

» au sucre, le suivaient très-volontiers,
» charmés par les attraits de cette vertu,
» se mettaient auprès de lui au chœur et
» chantaient dans son livre, lui ne voulant
» pas qu'on les en empêchât, à l'exemple
» du Sauveur. Les animaux même sans
» raison ont ressenti les effets de sa dou-
» ceur. Il avait tant de pitié des pauvres
» oisillons captifs qui étaient ou surpris
» dans leurs nids, ou tombés par accident
» entre les mains de quelque religieux
» ou domestique qu'il les faisait mettre en
» liberté, sans leur faire aucun tort ; et
» lorsque en hiver la terre, comme une
» rude marâtre, les menaçait de famine,
» couvrant de neige leurs petites pro-
» visions, il les secourait avec une grande
» bonté, leur faisait tous les jours jeter
» quelques grains, et prenait garde, de

» sa fenêtre, si on les secourait et
» s'ils avaient leur prébende.»

Plus tard, quand la politique de
Richelieu l'eut banni du sol de la Lorraine, c'était encore vers Mattaincourt
que se tournaient les regards du bon
Père, et, plein de tristesse, il écrivait
à l'un de ses religieux, en lui retraçant
les devoirs d'un curé de campagne :

« La charité, qui est insatiable, ne
» peut reposer à son aise si elle
» ne travaille pas plus outre encore
» envers les pauvres gens. Elle enseigne
» leurs enfants gratuitement, elle achète
» des A B C D à ceux qui sont trop
» pauvres, leur donne du papier, de
» l'encre et des plumes, leur compose
» de petits préceptes sortables à leur con-
» dition, et leur porte autant de respect

» et de bonne affection qu'aux enfants
» riches. S'il se trouve dans la paroisse
» quelqu'un qui soit véritablement pauvre
» et qui ne puisse gagner sa vie,
» nonobstant sa santé, et qui ne soit
» suffisamment secouru d'aucune autre
» personne, elle lui fait l'aumône lorsque
» lui ou ses enfants la viennent deman-
» der... Et je vois que ces bénites aumônes,
» qui naissent aussi des épargnes, et de
» la tempérance, et de la charité, pro-
» duisent des effets admirables et que
» je tiens presque miraculeux. Aucune
» fois, pour un pain blanc de quatre ou
» cinq liards donné bien à propos, ou
» pour une pinte de tisane, ou pour
» un morceau de rôti, ils (les curés)
» gagnent ainsi, quasi insensiblement,
» la bienveillance et l'âme tout entière

» du pauvre languissant, voire celle de
» ceux qui sont ses proches, comme
» de ses enfants, de ses père et
» mère, de ses frères et de ses
» sœurs, qui se laissent bien plutôt aller
» à petites amorces temporelles qu'aux
» prédications ; et quand les pasteurs
» marient ces deux choses ensemble,
» l'aumône et la parole de Dieu, et y
» ajoutent le bon exemple, c'est une
» force invincible. »

Ce besoin d'aider les pauvres avait
pris un tel ascendant sur son âme que,
non content de leur donner tout ce
qu'il avait, il usait de tous les moyens
à sa portée pour leur trouver des
protecteurs et des appuis.

Un jour, mandé par une noble dame
qu'une maladie grave mettait aux portes

du tombeau, il lui dit avec une liberté apostolique :

« Madame, Dieu seul peut apporter
» remède à votre mal ; mes prières ne
» sont rien, mais il est des avocats tout-
» puissants pour obtenir votre guérison.
» Ce sont les pauvres de Jésus-Christ.
» Qu'on les fasse venir et prier avec
» nous. »

On obéit ; pendant trois jours Fourier présida cette pieuse assemblée dans une chambre voisine de celle de la malade ; le mal cessa, en effet, et le Bienheureux eut la joie de voir ses pauvres bien-aimés réunis à un festin dans la grande salle du château, et servis avec honneur par les grands de la terre.

Pierre Fourier eut la gloire de briller, en ces siècles où recommença plus vive la lutte entre le bien et le mal, comme un astre au sein d'une nuit orageuse. Il fut un de ces grands hommes que Dieu suscita dans ces temps mauvais pour soutenir son Église ; il a sa place marquée dans l'admirable phalange des grands saints de cette époque : sa taille est à leur hauteur.

« Au reste, dit M. de Bazelaire
» dans son *Étude biographique* sur notre
» Bienheureux, un surnom grand ou sim-
» ple, naïf ou sublime, donné à un homme,
» et qui pendant des siècles a été insé-
» parablement attaché à sa mémoire, est
» le signe d'une grandeur vraie et popu-
» laire. Il prouve que cet homme a été
» puissant sur l'esprit des masses ; nul
» éloge ne vaut l'épithète qui s'adjoint à
» son nom. Fourier a reçu du temps cette

» consécration de la gloire. La voix des
» contemporains lui décerna spontanément
» un doux titre de vénération et d'amour :
» le titre de Bon Père. C'est ainsi qu'on
» avait fini par le désigner uniquement,
» même durant sa vie ; et maintenant
» encore, en Lorraine, c'est sous ce titre
» qu'il est le plus connu, surtout dans
» les campagnes. On entend rarement son
» nom ; pour le paysan qui s'en souvient
» par tradition, pour le fidèle qui l'invo-
» que et le pèlerin qui va vers son
» tombeau, c'est toujours le Bon Père de
» Mattaincourt. »

CHAPITRE V.

« L'éducation est une œuvre d'au-
» torité et de respect. » Quand une
société s'écroule sous le poids des désordres contre lesquels aucune force ne
réagit ; quand les défaillances, les lâchetés,
deviennent plus fréquentes parmi les
hommes, le peuple est bien près d'une
ruine morale qui ne tardera pas à être
suivie d'une ruine matérielle et complète.
Pour relever ce peuple tombé, il faut lui

préparer des hommes dignes de ce nom, des hommes de foi, de conviction, de caractère surtout. Et l'on arrivera à ce but par l'éducation.

« Cultiver, exercer, développer, fortifier
» et polir toutes les facultés physiques,
» intellectuelles, morales et religieuses,
» qui constituent la nature et la dignité
» humaines, telle est l'œuvre de l'édu-
» cation. L'enfant en est donc l'objet
» principal. L'enfant ! c'est l'homme lui-
» même, avec tout son avenir renfermé
» dans ses premières années ; l'enfant !
» c'est l'espérance de la famille et de
» la société ; c'est le genre humain
» qui renaît, la patrie qui se perpétue,
» et comme le renouvellement de l'huma-
» nité dans sa fleur. » *(Mgr Dupanloup).*

Elever l'enfant, le préparer à tenir

dans la vie le rang d'un chrétien, d'un homme de conscience, de caractère, et, par là, contribuer à la régénération de la société, c'est une œuvre divine qui doit commmencer aussitôt que l'enfant apparaît sur la terre et ne le quitter qu'au moment où il s'élance dans le monde pour y jouer son rôle.

L'œuvre de l'éducation ne regarde donc pas seulement l'instituteur, comme une erreur générale porterait à le croire : la mère surtout doit y travailler de tout son pouvoir.

Quand le Seigneur donne à une jeune femme le sublime honneur de la maternité, il lui impose en même temps des devoirs rigoureux. Cet enfant que sa mère embrasse et caresse, c'est un ange à présent, ce sera un homme plus tard ;

c'est au foyer de la famille, par les leçons et les exemples maternels, qu'il doit apprendre le but de la vie et les obligations qu'elle impose. Souvent, chez l'enfant qui a grandi, chez l'ange devenu homme, ce sont les vertus, peut-être même les défauts de sa mère qu'il retrace en lui, car elle lui a communiqué sa nature. Une telle responsabilité implique bien des devoirs à remplir ; aussi, élever des femmes qui, plus tard, sauront faire de leurs fils des hommes est une mission vraiment divine. « Faire » des hommes, voilà le grand honneur, » et c'est ce que les femmes savent faire » mieux que nous. » *(A. Nettement).*

« Faites-nous des mères qui sachent » élever leurs enfants », disait Napoléon I⁽ᵉʳ⁾ à Mme Campan, et M. de Maistre

ajoutait : « Des mères qui apprennent à
» leurs enfants à craindre Dieu et à
» n'avoir pas peur du canon. »

Deux siècles auparavant, un humble
prêtre de campagne, devançant la pensée
de ces hommes illustres, avait dit
à ses religieuses de Notre-Dame :
« Donnez-moi des mères qui sachent un
» jour faire de leurs enfants de solides
» chrétiens et de vertueux citoyens. »

A l'époque où parut Fourier, l'œuvre
de l'éducation était délaissée ; les hommes
avaient oublié la parole de Jésus : « Lais-
» sez venir à moi les petits enfants »,
et ils écartaient de leurs soucis, comme
de leur cœur, cette enfance particu-
lièrement chère à l'Homme-Dieu.

Le peuple vivait dans la plus complète
ignorance ; et de là viennent sans doute

les désordres de ces temps malheureux. D'ailleurs, qui aurait songé à instruire la fille du peuple, alors que la châtelaine ignorait toutes choses ?

Les nobles caractères ont de grandes passions qui doivent se faire jour au dehors. Fourier eut celle des âmes qu'il voulut mener à Dieu par l'éducation.

Des âmes ! donnez-moi des âmes ! tel est l'appel du divin Maître ; tel est aussi celui de ses serviteurs ici-bas. Des âmes ! donnez-nous des âmes, pour que nous leur apprenions le chemin du ciel, pour que nous leur montrions à souffrir et à aimer ! Donnez-nous des âmes, des âmes d'enfants surtout ! Elles sont une cire molle sur laquelle encore rien n'est gravé, et qui reçoit toutes les impressions. Nous y mettrons les maximes de Jésus-Christ ;

nous leur apprendrons, à ces enfants, ce qu'est le devoir et comment il doit régler la vie de l'homme ; nous en ferons ainsi de vaillants cœurs, ardents et généreux pour tout ce qui est beau et bon.

Tel est le but constant de la grande œuvre à laquelle Fourier donna toute sa vie : la Congrégation de Notre-Dame.

L'extension du protestantisme en Lorraine, l'ignorance du peuple qui en adoptait les erreurs, amenèrent à l'esprit du saint prêtre la pensée de s'adonner à l'éducation de l'enfance. Cette œuvre, entreprise déjà plusieurs fois, n'avait pu réussir encore ; l'appui de Dieu manquait aux novateurs. Il était réservé au pasteur d'une humble bourgade d'accomplir ce grand ouvrage et de poser la première pierre de cet édifice de l'enseignement religieux.

Mattaincourt fut le berceau de la Congrégation de Notre-Dame. Il existait déjà dans cette paroisse une école pour les jeunes enfants ; mais cette institution pouvait avoir de grands inconvénients à cause de la réunion des petits garçons et des petites filles.

Le Bon Père, animé d'un zèle ardent pour le salut des âmes, implora les lumières et le secours d'en-haut, suppliant le Seigneur de lui accorder les moyens de remédier à la détresse spirituelle de ses chers enfants.

Touché par les prières du bon Pasteur, le ciel lui envoya une jeune fille, Alix Leclerc, qui devait plus tard être sa coopératrice dans la fondation de l'ordre enseignant de Notre-Dame.

Voici le portrait que nous a laissé de cette femme admirable une de ses reli-

gieuses : « Elle était grande, droite et
» bien faite, la taille et le port excellents ;
» un peu blonde, le teint blanc et délicat,
» les yeux bleus, le nez assez long, la
» bouche belle, l'esprit et le jugement
» bons, fort retenue et avisée en ses
» paroles, d'une humeur tranquille et
» toujours égale, d'un naturel doux et
» accommodant, d'un abord agréable,
» avec une modestie qui donnait de
» l'admiration, accompagnée d'une cer-
» taine gravité, grâce et douceur, qui
» la faisaient craindre et aimer. En la
» voyant, en l'abordant, on sentait je
» ne sais quoi de divin qui portait à
» rentrer en soi-même.»

Ame généreuse, cœur ardent et fort,
Alix pouvait comprendre les nobles aspirations du Bienheureux. Son esprit, trop

fier, trop élevé pour trouver le bonheur dans les joies passagères du monde, s'y donna cependant. Dieu voulait préparer à l'indulgence, pour les entraînements de la jeunesse, celle qui devait plus tard être une mère pour les enfants confiées à ses soins, en lui apprenant, par expérience, ce que peuvent, sur un esprit et un cœur jeunes encore, les faux plaisirs d'ici-bas. Mais de ce combat où tant d'âmes perdent à la fois leur vertu et leur honneur, Alix sortit victorieuse : Dieu conservait innocente et belle cette âme qu'Il voulait toute à lui et qui devait bientôt répondre avec empressement à l'appel divin. En effet, quand Alix eut entendu la voix intérieure qui la pressait de se donner au Seigneur, elle résolut de s'y rendre au plus tôt ; mais l'attrait du monde était encore puissant en elle. Les plaisirs lui étaient devenus fades et insipides, et cependant elle se prenait à les rechercher, malgré le dégoût qu'ils lui inspiraient.

Son père habitait Remiremont, mais il était né à Hymont, annexe de Mattaincourt, et il aimait à venir avec sa famille revoir ce berceau de son enfance et respirer l'air natal.

En 1597, il dut y séjourner quelque temps afin de rétablir sa santé. Alix l'y suivit avec joie, mais ne put y trouver le calme et la solitude qu'elle désirait avec ardeur.

« Ce départ me réjouit fort, écrit-
» elle, pour me retirer du monde qui
» m'ennuyait sans en savoir la cause,
» mais étant là, les compagnies m'y

» environnèrent aussi bien qu'ailleurs,
» et j'y avais plus de vanité et de
» contentement qu'en autre part. Ce fut
» une grâce particulière de Dieu que
» je ne fusse pas portée à la vocation
» du mariage, mais j'avais aversion à
» la sujétion d'un mari.»

Alix avait vingt ans ; elle commençait à comprendre qu'il lui fallait autre chose que les biens du siècle, qui passent et ne laissent après eux qu'amertume et dégoût. Dieu seul pouvait remplir le vide de cette âme. Mais, pour parvenir à ces hauteurs sublimes où réside l'immortel époux des vierges, longue est la route quand on la parcourt seul et sans l'appui d'un guide sûr et fidèle. Alix attendait son Ange gardien : Dieu lui envoya Pierre Fourier.

Combien de jeunes âmes sont ainsi sur la terre ! Dieu a mis en elles des trésors de bonté, de vertu, qui demeurent infructueux, car elles ne les connaissent pas et nul n'est là pour les éclairer ; mais lorsque, conduite par la Providence, une main charitable a découvert cette mine cachée et sait l'exploiter avec amour, constance et dévoûment, quelles richesses n'en peut-on pas tirer ? Comme ces âmes, jusqu'alors faibles et petites, s'élèvent à des hauteurs que l'œil humain ne saurait mesurer ! Quel héroïsme ! quelles vertus éclatantes !

Le terrain était préparé pour Alix quand le Père vint à Mattaincourt ; la grâce la travaillait au dedans et au dehors et une circonstance qu'elle-même nous raconte la décida complètement.

Forcée un jour par ses parents d'assister à un festin de noces, elle y conçut une telle répulsion pour les joies tumultueuses du monde, qu'elle fit, ce jour-là même et en ce lieu, le vœu de perpétuelle virginité.

« Je fis vœu de chasteté, écrit-» elle de sa propre main, sans en » prendre aucun avis. »

Cependant son père songeait sérieusement à l'établir ; elle ne balança point et lui déclara formellement sa résolution de n'avoir jamais d'autre époux que le Fils de Dieu devenu par amour pour nous Fils de l'homme. Ses parents, qui la chérissaient trop selon la chair, comme il arrive souvent, essayèrent de la dissuader de son dessein ; mais sa constance à fuir les assemblées mondaines et à soutenir sa détermination par une vie des plus ferventes, les eut bientôt convaincus que leur fille était pour jamais à Dieu seul.

Dès lors, « je quittai, nous dit-elle,
» tous mes habits de vanité et pris un
» voile blanc sur ma tête, comme les
» simples filles du village le portaient
» quand elles allaient communier. Cela
» mit en alarme mes parents et tout
» le voisinage d'alentour, et ce avec
» d'autant plus de murmure que la
» dévotion était nouvelle à Mattain-
» court. Je m'en allai alors trouver Mon-
» sieur notre Bon Père pour la première
» fois, pour lui raconter mes desseins et
» faire tout ce qu'il me dirait être agréa-
» ble à Dieu. Il me conseilla de faire
» une confession générale. »

C'est quand Alix eut entendu l'appel de Dieu, c'est quand elle fut bien certaine de la voie tracée pour elle de toute éternité par son Créateur, qu'elle alla trouver le Bienheureux Pierre Fourier. On a dit : Ce sont les prêtres qui font les vocations, ce sont eux qui séduisent les vives imaginations des jeunes filles par les prétendus charmes du cloître.

La vénérable fondatrice de la Congrégation de Notre-Dame est une preuve évidente du contraire. Dieu seul a parlé à son cœur, tout en elle est l'œuvre de la grâce prévenante, et c'est, comme elle nous l'assure elle-même, de son propre mouvement et « sans prendre aucun avis » qu'elle prononce le vœu qui la lie pour jamais à son Sauveur crucifié.

Le prêtre pourra soutenir sa vocation et l'encourager aux sacrifices qui accompagnent toujours ce renoncement absolu à soi-même et à toutes les choses d'ici-bas, mais il ne pourra la lui donner. Il manquerait à son devoir, il volerait les âmes, s'il leur ôtait la liberté ou s'il les influençait en aucune manière, car enfin cette liberté, c'est un don du Créateur, et si l'homme cherche sa destinée, ce n'est pas à son semblable qu'il va demander la route la meilleure, mais à Dieu, à Dieu seul !

A partir de ce jour, la jeune vierge goûta de plus en plus le bonheur d'appartenir au céleste Epoux et de pouvoir se dire : « A lui seul pour toujours ! »

« Il me sembla, dit-elle encore, » qu'on eût ôté ce qui était dans mon

» intérieur et qu'on y eût placé un
» autre esprit. » Le démon, voyant lui
échapper cette proie qu'il avait tant
convoitée, lui tendit des embûches,
livra de violents assauts à sa vertu et
l'accabla d'horribles tentations ; mais
Dieu était avec elle, la guidait et la
soutenait. Par son puissant secours,
elle demeura toujours victorieuse dans les
combats que lui livrait l'ennemi du salut.

La vertu d'Alix lui attira des imita-
trices parmi les jeunes filles de Mattaincourt et des environs, car « l'exem-
» ple est une parole muette qui s'insinue
» dans l'âme, et l'élève jusqu'à Dieu. »

Pierre Fourier, en homme d'expérience et en directeur éclairé, ayant
demandé un signe par lequel il pût
reconnaître que la vocation d'Alix était

véritable, le Seigneur ne tarda pas à l'envoyer dans la personne d'une jeune fille nommée Marguerite ou Gante André qui vint trouver Alix et lui dit :

« Je veux me donner à Dieu, « permettez-moi de me joindre à vous, » je ferai tout ce que vous voudrez. »

Pierre Fourier devait dire plus tard en parlant de cette vocation et du signe mystérieux qu'il avait vu en elle :

« Sans la mère Gante, il n'y au- » rait pas eu de Congrégation de No- » tre-Dame. »

Gante fut donc la première compagne d'Alix. Douée d'un caractère ferme et énergique, d'un cœur fier et hardi, qui faisaient dire d'elle qu'elle serait capable de gouverner un royaume, elle joignait à cela une attrayante bonté qui

la rendait accessible à toutes les faiblesses, à toutes les douleurs. Nulle ne
pouvait mieux qu'elle comprendre les
vues d'Alix Leclerc ; aussi ces deux
âmes se révélèrent promptement l'une
à l'autre et se lièrent d'une amitié que
la mort même devait être impuissante
à rompre.

« Quand je priais Dieu, nous dit
» la Mère Alix, il me tombait toujours
» dans l'esprit qu'il faudrait faire une
» nouvelle maison de filles pour y pra-
» tiquer tout le bien que l'on pourrait.»
Elle n'eut pas de peine à faire partager son désir à sa compagne et toutes deux l'exposèrent à Pierre Fourier.

« Nous ne savons plus, lui dirent-
» elles, où nous rendre, sinon de nous
» jeter entre les mains de Dieu et les

» vôtres, voulant vivre et mourir en
» observant la volonté du Seigneur,
» sous la conduite de notre Pasteur
» chéri. »

Quelle dut être la joie de Fourier quand il vit le rêve de toute sa vie caressé aussi par des âmes généreuses, celles même dont il avait besoin pour le réaliser ! Cependant il ordonna aux pieuses jeunes filles d'attendre encore avant de mettre leurs désirs à exécution. Dieu, qui veille avec un soin jaloux sur les œuvres de son amour, répondit à la secrète prière de son serviteur en inspirant à d'autres âmes les sentiments qui animaient Alix et Marguerite. Jeanne de Louvroir, Claude Chauvenel et Mlle Barthélemy allèrent aussi trouver le Bon Père pour lui faire part de leur réso-

lution d'être à Jésus seul. La jeunesse de ces pieuses filles eût pu faire croire à un moment d'enthousiasme, d'exaltation ; mais, dit saint Ambroise, « il y a dans les âmes une maturité
» qui ne vient pas de l'âge .... il y a
» souvent, au matin de la vie, une heure
» décisive où le cœur possède cette
» plénitude de générosité, de force, de
» liberté qu'on ne retrouve guère ; il
» n'est pas besoin d'avoir traversé l'exis-
» tence pour en deviner, par un instinct
» supérieur, la vérité profonde. Personne
» d'entre ceux qui ont fait l'expérience
» de la vie ne pourrait blâmer ces
» âmes courageuses de donner à Dieu
» dans leur fraîcheur, virginale les
» trésors d'amour qu'elles refusent au
» monde. »

6.

Quand Fourier se fut bien rendu compte du travail de Dieu dans ces âmes, il leur permit de se dévouer au salut des autres et de travailler à l'œuvre si pénible et si délicate de l'éducation de la jeunesse.

Ce fut le jour de Noël 1597, qu'Alix et ses compagnes inaugurèrent par la sainte communion leur nouvelle vie. Tel fut l'humble début de la Congrégation de Notre-Dame qui regarda toujours depuis la crèche du Sauveur comme son berceau, et Marie comme sa mère et sa maîtresse bien-aimée.

Les parents d'Alix, blessés dans leur amour-propre par les moqueries, les calomnies même qu'on prodiguait à leur fille, la firent entrer chez les dames hospitalières de Sainte-Élisabeth.

« Je leur dis bien, raconte la bonne
» mère, que ce n'était pas là ma voca-
» tion et que je n'avais aucune inten-
» tion d'y demeurer ; toutefois, la
» curiosité de voir ce qu'on y faisait,
» m'aida à porter cet ennui. Disant
» adieu à mes compagnes, je les assurai
» que je serais bientôt de retour. »

En effet, quelque temps après, elle
revint conduire ses futures religieuses
au but tant désiré.

Un tel coup semblait devoir ruiner
l'œuvre à peine commencée ; il n'en
fut rien cependant, et l'absence d'Alix
n'apporta aucun changement dans la
résolution de ses coopératrices.

Alors le Bon Père jugea qu'il pouvait
certainement compter sur elles ; il se
mit en prières, et Notre-Seigneur lui

fit connaître dans une vision ses desseins relativement à l'ordre futur.

Cet événement mémorable eut lieu dans la nuit du 19 au 20 janvier 1598. Pierre Fourier, en rappelant plus tard cet anniversaire, écrivait :

« Ce fut le jour de Saint-Sébastien
» que les premières inspirations vinrent
» de dresser un monastère et faire chose
» qui pût servir à d'autres après nous.
» Loué soit Dieu ! »

Le bienheureux célébrait tous les ans cet anniversaire et invitait ses filles à faire de même ; elles n'ont point oublié la recommandation de leur saint Fondateur, et tous les ans, dans les monastères de Notre-Dame, la fête de Saint-Sébastien est marquée par une communion générale d'actions de grâces.

CHAPITRE VI.

CONGRÉGATION DE NOTRE-DAME.

Lorsque le Bienheureux Pierre Fourier se fut affermi dans la résolution de fonder un nouvel ordre religieux, il dut songer à procurer à ses filles spirituelles une maison où elles pussent vaquer à leurs devoirs sans être à charge à personne. Il s'adressa pour cela aux Dames Chanoinesses de l'Abbaye de Poussey et trouva parmi elles de nobles protectrices. Mme d'Apremont donna à la communauté naissante la maison qu'elle occupait et Mme de Fresnel offrit aux filles de Fourier le secours de ses conseils et de ses soins temporels.

La petite société, à laquelle Alix venait d'être rendue par l'entremise de Mme d'Apremont, se rendit à Poussey la veille de la Fête-Dieu 1598.

Les pieuses jeunes filles, suivant l'avis de leur Bon Père, se livrèrent au jeûne et à la prière, afin d'attirer les bénédictions du ciel sur leur entreprise, puis elles donnèrent à Dieu, par les mains de ses pauvres, le peu d'argent qu'elles possédaient.

Pour s'assurer davantage de la sincérité de leur vocation, le saint Fondateur avait remis à chacune d'entre elles un billet renfermant huit questions auxquelles elles devaient répondre sans se communiquer mutellement leurs décisions.

L'octave de la Fête-Dieu écoulée, les cinq jeunes filles remirent leurs réponses au Bon Père, ainsi qu'il avait été convenu. Quelle ne fut pas la joie de Fourier lorsqu'il vit que les résolutions étaient unanimes dans le dessein de fonder un nouvel institut pour le service et la gloire de Dieu !

Dès lors, il n'hésita plus. Sûr désormais de la volonté de Dieu et de la protection du Ciel sur cette œuvre naissante, il demanda et obtint l'autorisation de l'Évêque de Toul, Mgr de la Vallée.

Le Bienheureux se hâta de venir apporter à ses filles cette heureuse nouvelle, puis il se mit avec ardeur à dresser des règlements provisoires. Cette première ébauche des Constitutions fut achevée en quarante jours. Quarante autres jours furent employés par les futures religieuses à les méditer et à implorer les lumières et le secours d'en-haut. Dès ces premiers temps de l'Ordre, l'émission des trois vœux de pauvreté, chasteté et obéissance y est accompagnée du désir de la clôture monastique et du vœu d'instruction de la jeunesse.

Dieu se plaisait à encourager ses servantes dans la pénible voie qu'elles avaient embrassée pour lui plaire. Il se communiquait souvent par l'extase à la jeune Alix, la première des filles du Bon Père, et lui révélait ses desseins sur la nouvelle Congrégation.

« Etant une fois, raconte-t-elle, en » l'église de Poussey, priant Dieu pour » un de mes parents...., je fus tout » à coup tirée hors de moi-même; » il me sembla voir Notre-Seigneur

» où est d'ordinaire le Crucifix au milieu
» des églises ; il me regardait favora-
» blement, et il me semblait que d'une
» grande ferveur je m'étais portée jus-
» ques à ses pieds ; mais..., me dit-on,
» ce n'est pas ici le chemin par lequel
» tu dois remonter au ciel : lors, me
» montra un petit sentier fort étroit,
» tapissé de vert, le commencement
» duquel était une chapelle dédiée à Notre-
» Dame..... et l'autre bout touchait le
» ciel... Depuis, j'ai toujours eu beau-
» coup de dévotion de voir fonder nos
» desseins sous la protection de la Vierge
» Marie .»

Les pieuses sœurs s'adonnaient à
l'étude avec ardeur, afin de se rendre
capables de remplir leur mission d'insti-
tutrices.

Elles s'exerçaient aussi à la récitation de l'office divin qui devait désormais faire partie de leurs obligations journalières. Mais ce dernier point leur semblait difficile et elles avaient peine à comprendre les rubriques du bréviaire. Un jour que Mme de Fresnel leur donnait une leçon dans le jardin, un bel adolescent de treize à quatorze ans se présenta au milieu d'elles. Il se mit à réciter le bréviaire et à le leur expliquer ; puis il disparut. Depuis ce jour, elles n'éprouvèrent plus aucune difficulté et « coururent à l'aise dans ce chemin si » pénible ».

Leur pauvreté était extrême ; Mme d'Apremont était pour elles d'une générosité sans bornes, mais afin de ne point lui être à charge, elles avaient une vache qui les nourrissait de son lait. Un soir, elle ne rentra pas à l'étable : grand émoi pour la petite communauté ! Qu'allait-on devenir ?... Immédiatement on se met à la recherche du précieux animal, mais en vain ; trois heures s'étaient écoulées en courses inutiles à travers les bois, les collines et les vallons. Découragées, elles allaient reprendre le chemin du logis, lorsqu'une voix inconnue s'écria : « Des- » cendez dans la vallée, tout près d'ici. » Elles obéirent et trouvèrent l'animal qui paissait et qu'elles ramenèrent en triomphe.

Mais la prospérité sur la terre est de courte durée, le bonheur ici-bas n'est qu'une ombre vaine. La Congrégation de Notre-Dame, comme toutes les œuvres de Dieu, dut passer par le creuset des tribulations. La Providence divine le permit ainsi pour apprendre aux filles du Bon Père à mettre leur espérance en Elle seule et les forcer à implorer son divin secours.

Les religieuses se virent obligées de quitter la demeure qu'elles habitaient, et d'où la jalousie les chassait, pour revenir à Mattaincourt. Leur bienfaitrice acheta une maison où elles vinrent s'installer le 22 juillet 1599.

— « Nous y allâmes, dit la mère Alix,
» pour y être auprès de notre bon
» Père, ainsi que nous avions tant
» désiré. »

A Mattaincourt, Pierre Fourier leur donna la direction de l'école des filles, et traça lui-même le plan d'instruction et d'éducation qui devait y être suivi.

Alix fut élue supérieure, malgré sa grande répugnance.

— « Etant tirée en esprit, dit-elle,
» j'ouis que c'était la volonté de Dieu
» que je le fisse, et il me semblait
» qu'on me mettait une croix dans le
» cœur. » Elle accepta, ajoute-t-elle,
» afin d'avoir plus d'aide et de moyen
» de se rendre agréable à Dieu. »

La Communauté devenait prospère lorsqu'un coup imprévu faillit renverser de fond en comble l'édifice élevé avec tant de soins par notre Bienheureux. Le Père Fleurant, réformateur des Clarisses de Verdun, demanda les filles de Fourier pour ramener la ferveur dans ce monastère.

Les religieuses de Notre-Dame, inébranlables dans leur résolution, refusèrent l'offre du Père Fleurant ; mais les parents d'Alix, heureux de trouver une occasion pour lui faire quitter un genre de vie qu'ils jugeaient indigne de son rang, lui enjoignirent d'aller à Verdun.

Alix supplia le Seigneur de ne pas permettre qu'elle fût encore une fois séparée de ses compagnes. Sa prière fut entendue : Dieu voulait seulement, par cette nouvelle épreuve, affermir encore davantage sa vocation et celle de ses sœurs.

Voici comment elle-même nous raconte cet événement :

— « Mon père fut persuadé... de me
» retirer d'avec nos sœurs... Il me fit
» avertir que je me disposasse à cela
» et si promptement, que le lendemain il
» devait venir me quérir : mon recours
» fut d'en avertir Monsieur notre bon

» Père et de lui demander conseil sur
» ce que que je devais répondre à mes
» parents ; il me dit qu'il fallait obéir, l'of-
» fre qu'ils me faisaient étant assurée pour
» le salut de mon âme, et nos desseins
» commencés de peu d'apparence de pou-
» voir réussir... ce qui me donna beau-
» coup de peine. Me voyant pressée de
» tous côtés, je me tournai vers Dieu et
» sa sainte Mère..... Cette nuit, étant
» en prières pour ce sujet, je fus extraite
» de mes sens ; il me semblait que la
» Vierge Marie, en forme d'une de nos
» sœurs, me donnait le petit Jésus entre
» mes bras, et il me fut dit que je
» n'eusse point de crainte, qu'il serait
» mon espérance... Je dis à Notre-Sei-
» gneur, si cela était de lui, qu'il chan-
» geât la volonté de mon père, qu'il en

» avait le pouvoir absolu et que par
» là, je serais assurée de ses volontés. Ce
» qui fut fait... Comme mon père venait
» pour m'emmener, il lui était tombé
» une grande crainte en l'esprit qu'il
» offenserait Dieu en me faisant cette
» contrainte; il me laissa libre du tout
» en ma résolution, sans vouloir plus
» se mêler de cette affaire. »

La solide vertu des généreuses filles
de Pierre Fourier surmonta toutes ces
difficultés, d'ailleurs Dieu continuait à les
soutenir par sa grâce et faisait connaître
à Alix ce qu'il attendait d'elle et de ses
compagnes.

— « Un soir, écrit-elle, il me semblait
» être en une maison où il y avait un
» cloître... et nos sœurs étaient assises
» en un coin proche de la porte; et

» moi, tenant un rateau avec lequel on
» ramasse le foin dans les prés, je
» m'en allais ramassant toutes les peti-
» tes pailles qui étaient parmi ce
» cloître pour en faire du profit... On
» m'encourageait à l instruction des
» petites filles, de quoi l'on fait peu
» d'estime, comme de petites pailles,
» et j'entendis intelligiblement une voix
» qui me dit : Je veux que ces petites
» âmes, qui sont comme des enfants
» délaissés de leur mère, en aient une
» désormais en toi. »

Cependant la petite communauté avait
pris un rapide accroissement ; des cinq
premières religieuses de Notre-Dame,
quatre seulement avaient persévéré ; la
cinquième, Mlle Barthélemy, avait été
remplacée par Isabelle de Louvroir,

7.

sœur puînée de Jeanne, et qui allait devenir l'une des plus fermes colonnes du nouvel Institut. Le Bon Père la garda près de lui à Mattaincourt pour y former à la vie religieuse les jeunes filles qui venaient de toutes parts s'enrôler dans cette sainte milice, et il envoya Gante André, avec le titre de supérieure, fonder à Saint-Mihiel une Communauté nouvelle, lui donnant pour compagnes Alix Leclerc, Claude Chauvenel et Jeanne de Louvroir. Mme d'Apremont, toujours grande et généreuse, fit encore les frais de cette fondation, leur donnant une très belle maison qu'elle possédait dans cette ville et que le Bienheureux, dans sa reconnaissance, appelait : « le premier domicile » assuré des saintes filles de la Con-

» grégation de la Mère de Dieu. »

Quelque temps après, un autre établissement fut demandé à Nancy par le duc Charles III ; Alix et Claude s'y rendirent, « avec grande répugance, » dit la première, « car il nous semblait » que cette ville était mal propre pour » nous, à cause de la Cour et de tant » de monde que nous ne pouvions » éviter de voir, n'étant point enfer- » mées. Il me fut dit en dormant qu'il » était bien d'y aller, et que nous y » souffririons beaucoup de peines et de » calomnies, et que nous y ferions aussi » tout le bien pour la gloire de Dieu.»

Ce fut à Nancy que les religieuses reçurent la première approbation provisoire. Les prières de Fourier et de ses filles avaient été exaucées, l'ordre s'étendait de tous côtés, mais le saint prêtre désirait pour son Institut une plus haute consécration ; il voulait le faire approuver par le Saint-Siége. Ce n'était pas chose facile : on ne comprenait pas alors que l'instruction donnée aux externes pût s'allier avec la clôture régulière, et l'approbation fut refusée. Sur ces entrefaites, un nouveau monastère s'établit en France, à Châlons, où le curé, M. Jennin, avait demandé des religieuses. La Mère Alix, en apprenant cette nouvelle, y vit l'accomplissement d'une vision qu'elle avait eue quelques années auparavant : « Je fus » menée en esprit sur un lieu bien haut, » proche Saint-Vanne ; là, on me montra » une grosse ville de France, assise en » une plaine et fort éloignée de Verdun,

» où nous devions aller ; c'était Châlons ;
» y allant quelques années après, je
» vis que c'était la même ville, que
» j'avais vue dès Verdun. »

Arrivées à Châlons, Alix et ses compagnes ne trouvèrent personne pour les recevoir. « M. Jennin, qui les faisait venir,
» était absent. Elles demeurèrent emmy
» les rues, dit le Père Bédel, sans aucunes
» connaissances, comme des brebis tom-
» bées des nues, jusqu'à ce qu'un bon
» homme, savetier de sa profession, en
» prenant pitié, les mena en son logis,
» leur fit un peu de feu à la champenoise
» et leur donna à chacune un petit
» morceau de son pain de ménage....
» Enfin, M. Jennin s'étant retrouvé, les
» logea en la maison d'une dame de
» considération qui tenait, disait-elle, à

» gloire d'avoir des anges en sa mai-
» son, mais en effet les traitait en
» esprits bienheureux qui n'ont besoin
» ni de boire ni de manger. »

Quelque temps après, la congrégation de Notre-Dame fut solennellement
reconnue et approuvée par une bulle de
Rome et le point essentiel, le vœu
d'instruction, y était confirmé.

Fourier, au comble de la joie, s'occupa aussitôt de la première cérémonie
de vêture qui eut lieu à Nancy, le 21
novembre 1617, et fut présidée par le
primat de Lorraine. Fourier avait con-
voqué à cette fête toutes les supérieures
de l Ordre.

L'homme de Dieu assista, plein de
bonheur, à ce triomphe de son œuvre.
Après avoir éprouvé ses saints par

toutes sortes de douleurs, Dieu leur donne quelquefois de ces sublimes consolations qui semblent plutôt venir du ciel que de la terre. La première profession solennelle eut lieu l'année suivante, le 2 décembre.

Tout n'était pas encore fini, cependant ; l'approbation tant désirée n'avait été donnée qu'au seul monastère de Nancy. Fourier dut attendre dix années encore avant de voir se terminer ce grand ouvrage auquel il travaillait depuis si longtemps avec un dévoûment sans bornes.

Enfin, le 8 août 1628, fut donnée la bulle qui approuvait solennellement l'Ordre en général et chaque monastère en particulier, sans préjudice de la juridiction épiscopale.

Les religieuses y sont appelées Chanoinesses régulières de Saint-Augustin, de la congrégation de Notre-Dame, et sont autorisées à émettre un quatrième vœu touchant l'éducation des jeunes filles.

La fondatrice de l'Ordre, la vénérable Mère Alix Leclerc, ne vit pas ce beau jour que ses vœux avaient appelé si longtemps ; elle ne put contempler ici-bas l'achèvement de cette œuvre à laquelle tous les instants de sa noble vie avaient été consacrés. Depuis plusieurs années déjà, Dieu avait couronné ses mérites par la mort des prédestinés.

Première fille du Bon Père, première religieuse de la Congrégation de Notre-Dame, elle avait aussi toujours été la principale coopératrice de Fourier dans l'établissement de cet Institut, donnant partout l'exemple des vertus les plus héroïques et du dévoûment le plus absolu.

Elle s'endormit dans le baiser du Seigneur, le 9 janvier 1622, au monastère de Nancy, qu'elle avait fondé et dont elle fut la première supérieure. Elle était âgée de quarante-six ans.

La congrégation de Notre-Dame prit, après l'approbation du Saint-Siège, une extension considérable ; ses maisons couvrent maintenant le sol de la France, s'épanouissent à l'étranger et jusqu'au Nouveau-Monde, et partout leur admirable devise : « Gloire à Dieu et dévoûment aux âmes » donne à la société des femmes fortes et énergiques qui savent faire de leurs enfants des hommes et des chrétiens.

La paroisse de Mattaincourt et l'ordre enseignant de Notre-Dame ne furent pas les seuls objets du zèle de notre Bienheureux. Frappé du relâchement qui existait dans les abbayes des chanoines réguliers de Saint-Augustin, ses confrères, il entreprit de réformer cet ordre.

Fort de sa confiance en Dieu et de la haute protection dont le couvrirent Mgr des Porcelets de Maillane, évêque de Toul, et son successeur, le cardinal Nicolas-François de Lorraine-Vaudémont, il surmonta les difficultés immenses qui s'opposaient au succès de son entreprise. Dieu bénit visiblement les efforts de son serviteur. La réforme, commencée à Lunéville, en 1622, avec quatre religieux et deux novices, comptait, en 1629, huit maisons florissantes et pleines de ferveur. Le Père Nicolas Guinet, religieux d'une capacité hors ligne, avait été élu général de la nouvelle Congrégation qui prit le nom de Notre-Sauveur. Le Père Fourier espérait ainsi détourner pour jamais de ses épaules le fardeau de la supériorité. Mais les voies de Dieu sont impénétrables. Quatre ans à peine après son élection, le 13 avril 1632, le Père Guinet, victime de son dévoûment, mourait à Belchamps, d'une maladie contagieuse, à l'âge de 32 ans. Quelques années auparavant, chargé par le Bienheureux de plaider à Rome la cause de ses deux congrégations, il avait mis un zèle infatigable à s'acquitter de cette mission si délicate, et, malgré sa grande jeunesse, il s'était acquis la confiance et l'admiration de tous, même du Souverain Pontife qui n'accorda qu'à sa prière plusieurs des demandes adressées par Fourier au Saint-Siège.

Après la mort du Père Guinet, Pierre Fourier essaya vainement de se soustraire au choix de ses confrères qui l'appelait au généralat ; il fallut obéir.

La veille de l'élection, il écrivait à ses chères filles de Mirecourt : « Mes bonnes et
» bien-aimées sœurs en Notre-Seigneur,
» j'ai estimé qu'il ne serait impertinent
» ni inutile que je vous envoyasse hâti-
» vement ce messager exprès, pour vous
» supplier, au nom de Dieu, que dès
» qu'aurez reçu les présentes, jusqu'à
» demain, environ le midi, vous n'épar-
» gniez rien de vos précieuses dévotions,
» pour demander chaudement à Notre-
» Seigneur qu'il lui plaise, par sa miséri-

» corde, faire réussir heureusement, à son
» honneur et gloire, et à l'avancement de
» ce sien petit régiment, l'élection qui
» s'y prépare à demain, sur les neuf ou
» dix heures.... Je vois les pères tout
» préparés, en tant que je peux conjec-
» turer, à donner leurs suffrages tout à
» rebours de mes souhaits, de mes désirs,
» de mes opinions... J'en suis extrême-
» ment en peine, et faudrait un miracle
» de chez vous pour obvier en cette ren-
» contre aux maux que j'en prévois. Mon
» Dieu, mes bonnes sœurs, faites demain
» ce miracle, par vos bonnes prières.»

Le miracle demandé par le Bienheureux n'eut pas lieu ; le Seigneur eut
égard, non pas à l'humble prière du
saint religieux, mais au bien général
de l'ordre, et Pierre Fourier fut élu.

CHAPITRE VII.

PIERRE FOURIER GRAND CITOYEN.

« Fourier fut un saint prêtre », a dit
le Père Lacordaire ; mais ce n'est pas
là le seul caractère de cette vie émi-
nemment belle ; aussi le célèbre orateur,
y découvant autre chose encore qu'un
ministère obscur, un dévoûment ignoré,
ajoute aussitôt : « Il fut un grand
» citoyen. »

Des esprits étroits ont reproché à
Fourier son amour pour la Lorraine ;
ils ne comprennent pas la grandeur du
sentiment patriotique, ceux qui veulent

le refuser aux prêtres de Dieu.

L'homme qui entend résonner dans son âme l'appel divin et répond en courbant le front : « Me voici, Seigneur ! » n'a pas abdiqué, dans cette adhésion à la volonté divine, les grandes affections de son cœur. Pour le prêtre, comme pour tous, la patrie, c'est toujours la terre des aïeux, le dépôt des traditions nationales ; elle mérite donc, de la part du citoyen, quel qu'il soit, amour et dévoûment. Dieu comprit mieux les aspirations de l'homme quand il déversa dans son cœur les flots de cet amour noble et pur, le plus fort des amours d'ici-bas.

Etre insensible aux gloires de son pays, ou le voir écrasé sous le poids des ennemis, sentir qu'il succombe et bientôt ne sera plus qu'un nom oublié de tous et dont l'histoire à peine gardera souvenir, et tout cela le laisser passer indifféremment, sans éprouver même le sentiment d'un légitime orgueil ou d'une amère douleur,.... il faudrait ne pas être homme pour se rendre coupable d'une telle infamie ; ceux-là mêmes qui méconnaissent dans le prêtre l'amour de la patrie seraient les premiers à l'accabler de leurs mépris et de leurs insultes si, dans ces moments de crise et de souffrance, il voyait d'un œil froid et stoïque la misère et la honte de son pays.

Non, personne ne peut refuser au prêtre de se dévouer aux intérêts de sa patrie, avec d'autant plus d'efficacité que son amour pour elle est plus pur et plus exempt d'ambition.

Tel fut Pierre Fourier. Par la position de son père, placé auprès du duc de Lorraine, « il fut initié aux plus » hauts secrets de son temps ; il connut » le cœur des princes, et décida par » ses conseils des destinées de son pays. » (*P. Lacordaire, panégyrique du B. Père Fourier.*)

Le duc Henri II sut apprécier les rares qualités du fils de son fidèle serviteur, et plusieurs fois on le vit recourir à son expérience et à son dévoûment. Mais alors la Lorraine était heureuse, et nul orage n'était encore venu troubler la paix dont elle jouissait. Cependant un grand ministre en France dominait toute l'Europe, et, au milieu de ses vastes projets, embrassant d'un regard d'aigle tous les états du continent, il jeta les yeux sur la Lorraine.

Malgré son peu d'étendue, la patrie de Fourier n'était pas une simple province. C'était une nation fière de ses traditions et de ses droits, ayant conscience d'elle-même, en un mot, et dont les ducs souverains portaient la couronne fermée en signe d'indépendance. Trop faible pour lutter contre les armes imposantes de Louis XIII, elle devait tenter ce combat cependant, forte qu'elle était de son amour patriotique.

Henri avait deux filles : Nicole et Claude. Héritières du duché, elles ne tardèrent pas à voir s'élever autour d'elles les convoitises de l'ambition désirant une couronne. Louis XIII eût voulu voir entrer l'une des deux princesses dans la maison de France ; mais les intentions d'Henri II n'étaient pas celles du roi, et Nicole épousa son cousin, Charles de Lorraine-Vaudémont, réunissant ainsi les droits des deux branches collatérales. Henri croyait avoir, par cet acte, affermi sa puissance et retardé pour son pays l'heure de la domination étrangère ; mais la Providence avait d'autres desseins.

Lorsque, le 31 juillet 1624, Dieu rappella à lui le « moult gentil duc », ce ne fut pas seulement la mort d'un souverain bien-aimé que le glas funèbre apprit au peuple de Lorraine, c'était encore l'anéantissement complet de sa liberté et de son indépendance.

Charles IV, qui succédait à son beau-père, était d'un caractère léger et imprudent, quoique chevaleresque. Marié contre son gré à sa cousine Nicole, il eût voulu faire rompre cette union. Supposant un testamant de René II, où la loi salique était reconnue en Lorraine, il fit reconnaître duc légitime son père François de Vaudémont. Celui-ci, après un règne éphémère, abdiqua en faveur de Charles qui, ne voyant plus d'obstacles à son coupable dessein, vint consulter Fourier à Lunéville. Après une longue discussion :

— « Je ferai casser mon mariage, » dit le duc avec colère.

» —- Non, Votre Altesse ne le fera pas.

» — Je le ferai ! Qui donc m'en empê-
« chera ?

» — Moi, répondit le saint prêtre d'une
» voix calme et sévère, moi, Monseigneur,
» car Dieu ne le veut pas et je ne le souf-
» frirai pas ! »

Ces paroles nous révèlent un côté généralement peu connu de la physionomie du bienheureux Pierre Fourier. Habitués que nous sommes à l'entendre appeler le Bon Père, il est facile de supposer que cette bonté qui faisait le fond de sa nature, excluait en lui toute énergie, toute initiative. Il n'en est pas ainsi des saints.

La bonté et l'énergie ne forment pas un si grand contraste, elles sont nécessaires l'une à l'autre. La bonté sans l'énergie devient de la faiblesse : l'énergie sans la bonté est dure et trop austère. Ces deux vertus se fondent harmonieusement dans la noble figure du bienheureux Fourier.

Charles IV, en présence de cette généreuse fermeté, se retire ému et se décide à attendre encore avant de mettre son projet à exécution.

8.

Cependant l'acte supposé qui faisait de Charles le souverain légitime de la Lorraine n'était pas oublié de tous, si lui-même ne s'en souvenait pas. Richelieu y songeait encore, lui.

En France, la noblesse révoltée se heurtait aux volontés du cardinal-ministre et venait s'y briser. En Allemagne, l'empereur soutenait contre les princes protestants une lutte qui ne devait finir qu'à la paix de Westphalie.

Placée entre ces deux états, la Lorraine était pour les exilés de France un refuge, pour Ferdinand VII un appui. Fourier, avec ce jugement sûr que donne l expérience, réclamait la neutralité, il prévoyait les maux qui bientôt allaient fondre sur son pays ; et ses mains suppliantes s'élevaient vers le ciel pour en obtenir miséricorde. Mais sa prière ne devait pas être exaucée.

Présidant un jour une cérémonie de vêture dans un de ses monastères, il interrompit tout-à-coup son discours, et, se tournant vers le peuple, il s'écria : « Si on ne s'amende, Dieu prépare de » rudes châtiments pour tout le pays ; » les trois fléaux qui servent d'instru- » ments à sa colère pendent sur nos » têtes, et y tomberont sans aucun » doute s'ils ne sont arrêtés par un » soudain changement de vie. » Et comme ses religieuses effrayées lui demandèrent l'explication de ces paroles, il répondit : « Tâchez de faire provi- » sion de pain, car pour le reste il n'y » faut pas songer. Cette guerre qui » doit arriver sera comme la foudre qui

» frappe plus rudement les plus hautes
» montagnes; les fortunes les plus éle-
» vées en ressentiront les plus violents
» effets. »

Charles IV était jeune, il aimait les
combats; brave, généreux, il guerroyait
en vaillant soldat et cherchait à se faire
une brillante renommée. Ballotté sans
cesse entre les conseils de la prudence
et l'amour de la gloire, l'enivrement des
honneurs l'emporta; avec des forces infé-
rieures, il accepta le défi de la France.
Pierre Fourier, dont les conseils avaient
été repoussés, reporta sa charité sur
les malheureux que la guerre et la
peste engendraient de tous côtés. Son
dévoûment fut alors, comme toujours,
au dessus de toute louange, et n'y eût-
il eu que cette page dans sa vie, les

hommes se seraient inclinés, respectueux, devant cette noble figure de prêtre se faisant médecin, père, mendiant, pour adoucir les infortunes, comme ils s'inclinent encore aujourd'hui devant le conseiller des princes, le réformateur et le fondateur d'ordres religieux ; tant il est vrai que le dévoûment, l'oubli de soi, nous inspirent toujours une profonde vénération.

Quand la ruine de la Lorraine fut consommée, la noblesse ressentit un profond découragement ; les promesses de gloire sur lesquelles on avait compté s'évanouissaient, il ne restait plus que l'humiliation et la honte. On se souvint alors de Fourier, et sa renommée, grandie par le malheur, inquiéta Richelieu qui voulut avoir avec lui une entrevue secrète.

— « Il fut question dans cette confé-
» rence, dit le Père Bédel, d'une affaire
» d'Etat de grande importance, mais le
» Père en échappa heureusement par son
» silence, n'ouvrant la bouche que pour
» répondre laconiquement, et quasi par
» monosyllabes, aux questions de cet
» homme qui, ne trouvant pas de goût à
» cette rhétorique, le renvoya. »

Après les grands orages, se fait sentir un moment de calme pendant lequel
les éléments déchaînés rentrent dans leur
tranquillité ordinaire ; ainsi la Lorraine
reprenait courage après les luttes san-
glantes qui venaient de la déchirer ;
mais ce repos dans lequel elle se plon-
geait avec bonheur ne devait pas être
de longue durée.

Charles, oubliant de nouveau les conseils de Fourier, mécontenta Richelieu qui vint mettre le siège devant Nancy. La valeur succombant sous le nombre, la ville dut ouvrir ses portes aux Français, et l'on vit alors ce spectacle d'un prince malheureux, chassé de ses Etats, malgré l'amour de son peuple, obligé de fuir et de chercher asile dans un pays étranger.

Mais les grands héroïsmes se rencontrent souvent auprès des grandes infortunes, et, sous ce point de vue, du moins, Charles IV était le digne descendant des Guises; aussi l'Europe étonnée apprit-elle, au bout de quelques jours, que le duc de Lorraine avait abdiqué en faveur de son frère, le cardinal Nicolas-François, évêque de Toul. En face de l'attitude menaçante de la France, ce prince, doué d'un tout autre caractère que son frère aîné, et d'une prudence au-dessus de son âge, prit, d'après les conseils et l'assentiment de Fourier, la résolution de déposer le chapeau de cardinal et d'épouser sa cousine, la princesse Claude, sœur de Nicole. François n'était pas engagé dans les ordres ; il pouvait donc, sans manquer à sa conscience, rentrer dans la vie civile, mais son mariage avec sa cousine exigeait une dispense de Rome et le temps manquait pour l'attendre. Fourier, consulté, répondit par l'organe du Père Marets, son assistant :

« — En cas d'urgence, l'évêque peut » dispenser.

» — Eh bien ! s'écria François, je suis » évêque, je me dispense moi-même. »

Le mariage fut en effet célébré la

nuit suivante. Cette union, qui fut approuvée par le Souverain Pontife, sauva pour un siècle la nationalité de la Lorraine et devint la souche de la maison de Hapsbourg-Lorraine, actuellement régnante en Autriche.

Richelieu, dont les plans étaient ainsi déjoués, crut devoir se venger sévèrement, et quand il sut que la renonciation à sa couronne avait été précédée pour Charles IV de sept heures d'entretien avec Fourier, et que le mariage de François et de Claude était aussi l'œuvre du saint prêtre, sa colère ne connut plus de bornes. Dès lors, le Bienheureux se vit obligé de suivre l'exemple de ses princes et de vivre en fugitif sur la terre d'exil.

Cependant le duc et la duchesse, prisonniers dans leur propre palais de

Nancy, songeaient à fuir la captivité plus rigoureuse encore que leur préparait la vengeance de Richelieu. Le 1er avril 1634, après avoir réussi à quitter le palais ducal à la faveur d'un déguisement, ils se présentent à l'une des portes de la ville. François portait le costume d'un charbonnier, Claude celui d'une paysanne ; tous les deux se courbaient sous le poids d'un fardeau.

L'officier français préposé à la garde de cette porte les laissa passer sans défiance ; ils firent ainsi près d'une demi-lieue dans la crainte d'être surpris. La princesse, peu habituée à une si lourde charge, pouvait à peine marcher ; mais elle trouvait dans sa tendresse et dans une énergie de caractère vraiment admirable la force de suivre son époux. Ils

arrivèrent enfin au lieu où plusieurs gentilshommes de leur suite les attendaient
avec des chevaux ; il était temps ; les
pieds meurtris de la duchesse ne la sou-
tenaient plus et l'alarme était donnée
à Nancy.

Une paysanne, en venant à la ville,
les avait rencontrés et reconnus ; elle
en avait parlé à l'officier qui commandait
le poste ; mais celui-ci, croyant à un poisson
d'avril, n'y avait fait aucune attention.
Vers midi seulement, il se décida à pré-
venir le gouverneur qui constata, mais
trop tard, l'évasion du duc et de la duchesse.
Les fugitifs purent donc gagner la frontière avant qu'on eût le temps de les
rejoindre.

Comme nous l'avons dit, Fourier fut
obligé, lui aussi, d'aller demander à la

terre étrangère un asile pour sa vieillesse. S'il n'eût écouté que son zèle, il fût resté au milieu de ses enfants spirituels pour les consoler, les encourager, partager leur détresse ; mais il était général d'ordre, il se devait à ses deux congrégations ; la paroisse de Mattaincourt était administrée depuis son élection par un de ses religieux, prêtre fervent et zélé ; il pouvait, il devait donc partir, ainsi que l'en suppliaient ses enfants qui tremblaient pour une vie si chère et si précieuse.

Mais avant de s'éloigner pour toujours de sa patrie désolée, le Bon Père voulut revoir ses trois familles religieuses. Ils furent noblement remplis, les derniers jours que le saint vieillard passa dans ce pays pour lequel il avait tout sacrifié, luttant contre la peste et la famine, prodiguant à son peuple les soins du plus tendre des pères, de la mère la plus héroïque.

Une lettre touchante qu'il écrivit vers ce temps aux magistrats de Mirecourt en leur envoyant quelques secours pour les indigents de cette ville, berceau de son enfance, nous montre toute l'étendue de sa charité pour le peuple lorrain.

« Petits présents de pauvres à pauvres,
» dit-il, ne sont pas rejetables, et puisque
» le Maître et le Père souverain a eu autre-
» fois pour agréables deux oboles d'une
» pauvre veuve, j'estime que trois servi-
» teurs de Son Altesse ne dédaigneront
» pas d'accepter ces douze pots de beurre
» que leur envoie pour les pauvres de
» leur ville, un autre pauvre sorti de
» chez eux il y a plus de cinquante ans,

» et qui se tiendrait heureux de faire
» quelque chose davantage. »

L'heure de la séparation était venue ; Fourier, les yeux baignés de larmes, mais toujours confiant et soumis envers la divine Providence, dit adieu à sa patrie bien-aimée qu'il ne devait plus revoir. Gray lui ouvrit ses portes ; mais dans cette ville hospitalière, son cœur n'oubliait aucune de ses affections ; il eût pu dire de la Lorraine vaincue, écrasée, ce que dira plus tard un de ces nobles Irlandais, cœurs vaillants, âmes fortes et fières, fidèles à leur foi et à leurs souvenirs : « Me souvenir
» de toi ! oh ! oui ; tant qu'il y aura
» de la vie dans mon cœur, jamais il ne
» t'oubliera, si délaissée que tu sois ; plus
» chère dans tes douleurs, ton obscurité,
» tes orages, que le reste du monde à

» ses heures les plus brillantes. Si tu
» étais tout ce que je désire, grande,
» glorieuse, libre, la première fleur de
» la terre, la première perle de l'Océan,
» je te saluerais, l'orgueil du bonheur
» sur le front ; mais t'aimer plus que je
» ne t'aime aujourd'hui, mon cœur le
» pourrait-il ? Non, ton sang qui coule,
» tes chaînes qui se rouillent te ren-
» dent plus douloureusement chère à
» tes enfants! Comme les petits de l'oiseau
» du désert, ils boivent l'amour dans
» chaque goutte de vie qui tombe de
» ton cœur. » (*Th. Moore.*)

Comment se passèrent pour le Bienheureux les années de l'exil ? Son éloquent panégyriste nous fait un tableau
frappant de toutes les douleurs qui
remplirent la fin de sa noble carrière.

« L'exil de Pierre Fourier emprunta
» de beaucoup d'autres douleurs le carac-
» tère d'une agonie. Séparé de son
» ancienne paroisse, poursuivi par la
» pensée de ses monastères de Notre-
» Dame et de ses abbayes de Saint-
» Augustin, qu'il ne devait plus revoir,
» il ne put même se les représenter
» comme des asiles où lui seul manquait:
» la guerre, la peste et la famine, ces
» trois grands fléaux de la race hu-
» maine, désolaient son pauvre pays et
» n'avaient pas épargné ses enfants.
» Chaque lettre, qu'il ouvrait d'une
» main tremblante, lui apportait, comme
» à Job, la nouvelle de quelque désas-
» tre : la mort avait choisi parmi les
» siens quelque tête chérie et néces-
» saire ; une troupe furieuse avait

» envahi l'un des saints manoirs qu'il
» avait édifiés et n'y avait laissé que
» des ruines ; sa paroisse manquait de
» pain, lui qui en avait toujours eu
» pour elle. Et que sais-je ? et que
» dirais-je ? Hélas ! le malheur, une fois
» que Dieu le laisse faire, est plus in-
» génieux à frapper qu'aucune bouche
» à le raconter. Toutes ces chères péni-
» tences de quarante ans s'obscurcis-
» saient devant les terribles réalités de
» la malédiction divine, et la croix vé-
» ritable, la croix sortie du monde,
» par un effet de ses passions, dressait
» à Fourier un Calvaire aussi grand
» que ses vertus. » *(P. Lacordaire.)*

L'exil est dur, même pour la jeunesse,
alors que l'espérance vient appliquer
un baume consolateur sur les plaies de

l'âme et faire succéder de nouvelles aspirations à celles qui ne peuvent plus se réaliser. L'homme jeune et fort peut se créer une famille, un foyer, une seconde patrie, au milieu même de la terre étrangère ; il peut faire diversion, par un utile labeur, aux amertumes et aux tristesses de l'exil. Mais le vieillard qui déjà se courbe vers la tombe, que deviendra-t-il loin des siens, loin de sa patrie ? Chaque jour recommence son supplice ; chaque matin le soleil éclaire pour lui un autre pays que le sien, et quand vient le soir, c'est à l'hospitalité qu'il doit le repos de ses membres fatigués. Il n'a plus que peu de temps à vivre, et la terre qui le vit naître n'enfermera pas ses dépouilles mortelles. Mais lorsque cette terre chérie est foulée par le pied de l'étranger, abreuvée du sang de ses enfants, quelle ne doit pas être l'angoisse de l'exilé qui n'a plus à lui donner que des larmes et des prières ? Telles furent les douleurs que ressentit l'âme de Fourier lorsqu'il eut dit un suprême adieu à sa chère Lorraine. Dieu, qui voulait cette âme parfaitement belle avant de l'appeler à lui, rendit amers ses derniers jours. Mais dans l'exil comme dans la patrie, à Gray comme à Mattaincourt, le Bon Père se montra toujours un saint, un homme de cœur et de dévoûment, un véritable prêtre de Dieu.

CHAPITRE VIII

MORT DE PIERRE FOURIER

La guerre se continuait en Lorraine et
retenait toujours le bon curé éloigné de
ceux qu'il aimait.

La ville de Gray l'avait 'reçu avec joie
dans ses murs, car la renommée du saint
prêtre avait depuis longtemps dépassé la
frontière. Mais si tous, dans la ville hospitalière, lui témoignaient respect et vénération, Fourier, dont le grand cœur avait
toutes les délicatesses, sut largement
payer sa dette de reconnaissance. Là,
comme partout ailleurs, il y avait des

infortunes à secourir, des douleurs à consoler ; le Bienheureux se livra tout entier à ses chères œuvres de charité et trouva dans l'exercice de son zèle un adoucissement à ses propres maux.

Douze de ses filles de Notre-Dame l'avaient suivi dans son exil. Une école ouverte par elles fut le premier théâtre de son dévoûment humble et sublime. Là, cet homme, dont les princes avaient réclamé les conseils et sur le passage duquel tous les fronts se découvraient et s'inclinaient respectueusement, enseignait lui-même aux plus jeunes enfants les premiers éléments de la religion et des sciences ! Comme le divin Maître, il éprouvait pour l'enfance un amour spécial ; la candeur et la simplicité de cet âge heureux avaient pour lui un charme particulier.

Mais bientôt le fléau terrible contre lequel il avait déjà lutté dans sa Lorraine bien-aimée vint s'abattre sur la ville de Gray: la famine, bientôt suivie de la peste, exerça de cruels ravages dans cette malheureuse cité et dans les environs. Fourier, malgré son grand âge et ses infirmités, se multipliait pour venir au secours des indigents.

Pauvre lui-même, il partage avec eux ses dernières ressources, et lorsqu'il n'a plus rien, il implore pour eux la pitié des riches. Les malades abandonnés gisaient sans secours dans les rues et sur les places publiques. Le saint vieillard les console, les encourage, leur prodigue ses soins spirituels et corporels. Par l'énergique ascendant de sa vertu, il relève le courage, un moment abattu, du maire de Gray, le marquis de Champronier. Il fait établir à la hâte un hôpital et organise de prompts secours. Les dames de la noblesse veulent fuir ; il les arrête par ces admirables paroles :

« Il vaut mieux mourir en faisant
» son devoir que de vivre en lâche
» en le trahissant. »

Rassurées par l'exemple et les conseils de Fourier, elles bravent le fléau, visitent les malades, distribuent des aumônes.

Le jour de la fête de saint Sébastien, une procession solennelle eut lieu dans les rues de la ville. Fourier y officia. Retrouvant dans l'ardeur de sa charité la vigueur de sa jeunesse, il marcha sans bâton, portant dans ses mains l'Hostie sainte et suppliant le Seigneur de prendre en pitié ce peuple désolé. L'accent de sa prière monta jusqu'au ciel et bientôt le fléau cessa entièrement ses ravages. Ce fut un jour de triomphe pour notre Bienheureux, malgré tous les efforts de son humilité pour arrêter les témoignages de la reconnaissance publique. Le peuple entourait sa demeure, jetait à tous les échos son nom mille fois béni. Bien des années ont passé depuis, mais la ville hospitalière a conservé le souvenir de celui qui fut son bienfaiteur, et le nom de Fourier y est toujours l'objet d'une pieuse vénération.

Après tant de luttes et d'angoisses, le Bon Père retrouva enfin un peu de calme. Mais bientôt le bruit de la guerre vint encore troubler sa retraite. Bernard de Saxe-Weimar s'avança jusqu'aux portes de Gray. Les habitants consternés recoururent de nouveau à la charité du saint prêtre. Il pria, et vit bientôt l'ennemi s'éloigner sans avoir causé aucun dommage.

Ce fut la dernière crise de cette noble et sainte vie. Sa mission sur la terre était terminée : Dieu allait le rappeler à lui pour lui donner l'éternelle récompense, méritée par ses travaux et ses vertus.

« Il semble que les gens de bien ne
» devraient jamais mourir, non-seule-
» ment pour l'intérêt du monde, puis-
» qu'ils servent de boucliers entre Dieu et
» les hommes, mais même par raison, car
» la mort est une vengeance du péché. »

C'est ainsi que le P. Bédel commence le récit de la dernière maladie et de la mort de son digne Général.

« Mais, ajoute-t-il, puisque l'Innocence » même, revêtue de notre chair, a » franchi le saut, il n'y a sainteté créée » qui puisse servir d'exception à cette » loi : ou il ne fallait pas naître, ou il » faut se résoudre à mourir. »

Vers le milieu du mois d'octobre 1640, le Bon Père ressentit les premières atteintes du mal qui devait le conduire au tombeau.

C'était une fièvre intermittente dont les accès, d'abord légers, ne tardèrent pas à inspirer de sérieuses inquiétudes. Bientôt il ne lui fut plus possible de quitter sa chambre, et tout fit dès lors prévoir sa fin prochaine.

Fourier avait eu connaissance de cette fin ; il l'avait même annoncée à ses enfants d'une manière frappante :

« Deux des nôtres étant tombés
» malades, dit le Père Bédel, il dit au
» troisième : « C'est à moi à prendre
» la place après eux, et puis à vous,
» et pas un de la maison n'en sera
» exempt ; mais pour moi, je n'en
» serai pas quitte à si bon marché que
» les autres. »

Au troisième accès, il permit qu'un médecin fût appelé. Le Bon Père, sentant approcher le terme de son voyage ici-bas, ne songea plus qu'au salut de son âme ; « il abandonna, dit
» son historien, le soin de cette mai-
» son qui croule aux quatre coins. »

Il n'était déjà plus de la terre ;

toutes ses aspirations se portaient vers le Dieu qu'il avait tant aimé, vers l'éternité bienheureuse qui s'ouvrait devant lui. Plein de ces pensées, il défendit qu'on fît aucune prière pour sa guérison, comme s'il eût été possible à ses enfants d'arrêter l'élan de leurs cœurs demandant au Ciel la conservation de leur Père bien-aimé.

La maladie faisant de rapides progrès, on appela un médecin célèbre ; mais l'art et la science sont impuissants contre la volonté de Dieu. Le Bon Père se résignait à tout, bien qu'il redoutât beaucoup la mort. « Cet ange revêtu de chair » et d'os », suivant l'expression du P. Bédel, ne rougit point d'avouer en face du trépas qu'il avait peur des jugements de Dieu. Lui qui n'avait vu le monde que pour le fuir, le mal que pour le détester, dont la vie ne fut qu'une longue suite de bonnes actions, dont le cœur ne brûla jamais que du plus pur amour pour le Seigneur, tremble aux portes de l'Éternité. Toutes les prières, les mortifications, les œuvres de charité du saint prêtre ne peuvent le rassurer : n'est-ce pas au Ciel qu'en revient la meilleure part? « puis, qu'est-ce que les » œuvres des hommes, dit-il, devant l'œil » de Dieu ? » Ses actes lui paraissent d'une si mince valeur qu'il n'ose mettre en eux sa confiance ; il n'espère qu'en Notre-Seigneur. Prenant son crucifix, il le baise avec respect, prie son doux Jésus d'avoir pitié de lui ; puis, soutenu par ses enfants, il reçoit à genoux, pour la dernière fois, le Maître adoré qu'il a si fidèlement servi sur la terre et qui va bientôt devenir son éternelle récompense.

Il ne cesse d'invoquer Marie, son avocate auprès du Sauveur, et redit souvent cette prière qu'il aimait tant à lui adresser pendant sa vie : « *Monstra te esse matrem!*
» Vierge sainte, montrez à ce coup que
» vous êtes mère de ce pauvre misé-
» rable, et ne dédaignez point de recon-
» naître pour fils, en cette détresse, celui
» qui vous honore et vous chérit comme
» sa mère. »

Jésus ! Marie ! voilà ses patrons et ses défenseurs devant la justice divine. Aussi aime-t-il à redire souvent ces touchantes paroles qui l'ont tant de fois soutenu dans les labeurs de sa longue existence :
« *Habemus bonum Dominum et bonam*
» *Dominam.* — Nous avons un bon

» Maître et une bonne Maîtresse. »

Cependant la mort s'avançait à grands pas ; le fidèle serviteur de Dieu avait demandé les derniers secours de l'Eglise et les avait reçus avec la plus édifiante piété.

Lorsque Jésus-Eucharistie pénétra dans sa chambre, le Bon Père, comme anéanti par la majesté divine, s'écria :

« Seigneur, je ne suis pas digne que
» vous veniez à moi ; non, je ne suis
» pas digne, Seigneur ! je devrais bien
» plutôt être jeté dans une voirie
» pour être là visité des chiens et des
» corbeaux, que d'avoir l'honneur de
» votre présence. »

Son cœur fut inondé d'une joie céleste en recevant le Pain des anges ; il demeura d'abord ravi dans une sainte extase,

puis s'écria dans le transport de sa reconnaissance : « Que vous saurais-je
» rendre, ô mon Dieu, pour réciproque
» de tant de faveurs ? Ne faut-il pour
» vous plaire que prendre en main le
» calice de ma mort ? De bon cœur,
» mon Dieu, de bon cœur, pourvu que
» ce soit avec votre grâce ! »

La journée se consuma tout entière dans ces élans d'amour et de gratitude. C'était le 8 décembre.

Malgré sa fièvre brûlante, malgré ses douleurs aiguës, malgré sa vieillesse, le Bon Père avait, contre toute espérance, prolongé ses jours jusqu'à cette fête bénie, la plus chère à son cœur de toutes les fêtes de sa Mère du ciel.

Avec quelle touchante ferveur il célébra pour la dernière fois en ce monde les gloires de Marie et surtout le privilège si beau de son Immaculée Conception !

Le jour suivant se passa jusqu à neuf heures du soir dans une douce et tranquille confiance en la miséricorde divine : toutes les terreurs qui l'avaient assiégé d'abord s'étaient évanouies ; l'amour avait banni la crainte, et sa clarté céleste illuminait pour le serviteur de Marie les obscurités du trépas.

Sur le seuil de l'Éternité, Pierre Fourier, infatigable jusque dans les bras de la mort, voulait encore travailler pour la gloire de son Dieu et le bien de ses enfants spirituels. Jusqu'à son dernier jour, il s'occupa de revoir les Constitutions de Notre-Dame, seul héritage qu'il pût léguer à ses chères filles, et les règlements qu'il avait tracés pour ses fils de Notre-Sauveur.

Lorsqu'il sentit approcher l'heure suprême, il voulut se faire lire les plus beaux passages de l'Imitation de Jésus-Christ, son « livre d'or », comme il l'appelait ; en même temps que son esprit en goûtait les délices, son cœur s'unissait aux pieux sentiments renfermés dans ce livre admirable ; et son âme, perdue en Dieu, soupirait après le moment fortuné qui verrait se briser les liens qui la retenaient encore ici-bas.

Digne fils de saint Augustin, il voulait l'imiter jusque dans sa mort, et se fit lire l'histoire de ses derniers moments. Comme le grand évêque d'Hippone, il récita avec ses religieux le psaume *Miserere*, avec un tel accent de repentir que tous les assistants en furent émus jusqu'aux larmes ; arrivé à ce verset : « *Ne projicias me a facie tua,* » Seigneur, ne me rejetez pas de votre » face », il le prononça avec un tel accent, une ardeur si brûlante, qu'on put craindre un instant que son âme, suivant l'élan de sa voix, ne se détachât de son enveloppe mortelle pour s'envoler vers Dieu.

A neuf heures du soir, il demanda l'Extrême-Onction et la reçut avec cette sérénité calme et douce qui est le caractère des élus.

A onze heures, se tournant vers ses fils, il demanda de sa voix presque éteinte :

« Quelle heure est-il ? »

Alors, saisissant le Crucifix et l'image de Marie qu'on lui présentait, il les pressa sur son cœur en disant : « Jésus, ne » m'abandonnez pas au moment de ma

» mort ; et vous, en qui j'ai toujours » eu confiance, ô Marie, assistez-moi ! » Puis il parut s'endormir ; on se pencha vers lui et l'on put recueillir une dernière fois sur ses lèvres mourantes les paroles de sa devise tant aimée : « *Habemus* » *bonum Dominum et bonam Dominam.* » Et son âme s'exhala dans cet acte suprême de confiance et d'amour...

Le Bon Père était mort ; ses enfants éplorés lui avaient fermé les yeux. Cependant un signe manifeste de la gloire de celui qu'ils pleuraient vint adoucir leur profonde douleur. Au moment où l'âme de Fourier quitta ce monde, on vit un globe de feu s'élever dans les airs, au-dessus de la maison où reposait sa dépouille mortelle, et se diriger vers la Lorraine. Avant de remonter vers Dieu, le Bon Père voulait revoir encore sa patrie bien-aimée, pour laquelle il mourait dans l'exil.

Pendant soixante-quinze ans, il avait donné au monde le spectacle de toutes les vertus chrétiennes jointes aux plus éminentes qualités comme homme et comme citoyen.

Au point du jour, les cloches apprirent au peuple de Gray que son bienfaiteur n'était plus. Un rayon de la gloire dont son âme jouissait désormais dans le sein de Dieu était empreint sur son noble visage, le sourire de ses lèvres exprimait une douce béatitude ; on eût dit qu'il dormait paisiblement.

La grande voix de la foule le proclama un saint ; de toutes parts on accourut vers la funèbre demeure ; le

10.

gouverneur et les magistrats, traitant ce religieux exilé comme un grand de la terre, vinrent s'agenouiller près de ses restes mortels, et réclamer comme une faveur quelque chose qui lui eût appartenu. Ses cheveux furent coupés et distribués.

Les jeunes filles de Gray firent une quête dans la ville, car telle était la pauvreté du saint prêtre qu'il ne laissait pas même de quoi payer son cercueil ; la collecte fut si abondante qu'on put en avoir deux magnifiques : l'un en plomb, l'autre en chêne sculpté ; on y déposa son précieux corps qui fut placé dans une chapelle de l'église, en attendant sa translation.

La nouvelle de cette perte irréparable se répandit bientôt ; les princes de

Lorraine prirent part à la douleur générale et exprimèrent leurs regrets par des lettres de condoléance.

« J'ai un déplaisir sensible, écrivait
» le duc Charles IV, de la perte que
» nous avons faite du bon Père de
» Mattaincourt, qui semblait être notre
» consolation dans ce temps de misères.
» J'espère qu'il ne nous oubliera pas
» au ciel. Cependant il ne faudra rien
» négliger pour l'honorer en ce monde
» et faire son possible pour tirer son
» corps d'où il est et le conduire en
» Lorraine. »

Les princesses s'estimèrent heureuses de posséder l'une son chapelet, l'autre sa médaille ou quelque autre objet. De toutes parts on honora sa mémoire, et le peuple accourut en foule pour vénérer la dépouille de celui qui s'était si véritablement montré le père des pauvres.

La petite paix ayant un instant ralenti la guerre en Lorraine, les chanoines de Notre-Sauveur en profitèrent pour réclamer le corps de leur général. Depuis longtemps les enfants gémissaient sans leur père ; les chaînes de son exil étaient brisées par la mort, ils désiraient recouvrer au moins ses restes mortels. Mais la ville de Gray s'y opposait. Elle prétendait garder ce trésor que la Providence lui avait confié. Elle dut céder cependant, sur un ordre exprès de la cour d'Espagne, obtenu par Charles IV.

Ce prince avait toujours eu pour Fourier une profonde vénération ; si la fougue des passions l'avait souvent empêché de suivre les avis de son fidèle conseiller, il avait su, du moins, apprécier ses éminentes vertus et son dévoûment à toute épreuve. Les hasards de la guerre l'ayant rapproché de Gray, il était venu visiter plusieurs fois le Bon Père et l'avait généreusement secouru malgré sa propre détresse.

En 1641, rentré passagèrement en possession de son duché, il s'empressa de profiter de ces courts instants de répit pour ordonner la translation du corps de son saint ami et fidèle serviteur. Grâce à son intervention, les magistrats de Gray consentirent à laisser enlever par les fils de Fourier les restes vénérés de leur Père en Dieu.

La ville hospitalière réclama le cœur du Bon Père. En reconnaissance de l'asile accordé au vieillard dans sa détresse, les chanoines abandonnèrent à la dévotion de ses habitants cette noble partie, principe d'une si belle vie, source d'où jaillirent tant de vertus, de grandes pensées et de saintes actions, autel sacré, tabernacle vivant où Dieu reposait avec bonheur.

Ce précieux dépôt, soigneusement renfermé, resta dans la chapelle où le corps du Bienheureux avait été gardé six mois avec amour. Bien que ce trésor leur fût conservé, ce fut avec une vive douleur que les habitants de Gray se virent enlever les restes du Bon Père: longtemps ils les suivirent des yeux et du cœur.

Le passage du cercueil à travers les populations fut une véritable marche triomphale ; les chemins étaient jonchés de fleurs ; hommes, femmes, enfants et vieillards accouraient pour rendre un dernier hommage à celui dont la renommée racontait partout les vertus.

Par un hasard providentiel, les chanoines se virent obligés de changer leur itinéraire et ils arrivèrent, sans s'en apercevoir, dans le village de Mattaincourt ; à cette nouvelle, tous les paroissiens, le curé en tête, se dirigent processionnellement à la rencontre du cortège et le ramènent en triomphe. Le cercueil fut déposé dans l'église où le saint prêtre avait tant de fois glorifié Dieu par ses travaux et ses prières.

A la vue de l'enthousiasme qui se manifestait, les religieux craignirent que leur cher trésor ne leur fût enlevé ; ils résolurent de ne passer qu'une nuit à Mattaincourt. Leur appréhension était fondée. Dieu, qui dirige toutes choses, voulait que la gloire de son serviteur éclatât là où il avait vécu ignoré, où il avait arraché tant d'âmes au démon, au milieu du troupeau formé par ses soins, et qu'ainsi, même au delà de la tombe, il continuât son œuvre de sanctification.

Se voyant en la possession de leur pasteur, les habitants de Mattaincourt prirent la résolution de le conserver, quoi qu'il leur en dût coûter.

Aussi le lendemain, lorsque les chanoines se présentent pour enlever le corps de leur saint fondateur, ils trouvent l'église remplie d'une foule d'hommes et de femmes qui tous jurent de perdre la vie plutôt que de se laisser ravir un si pré-

cieux trésor. En vain les religieux protes-
tent contre la violence qui leur est faite, ils
sont obligés de céder. Ils se retirent,
bien résolus d'en appeler au duc Charles.
Celui-ci, en effet, par un décret daté
d'Epinal, le 27 avril, défend aux habitants
de Mattaincourt « d'empêcher par aucune
» opposition l'enlèvement de ce précieux
» dépôt, sous peine de désobéissance. »

Munis de cette pièce, les religieux,
croyant avoir aplani toutes les difficultés,
reviennent à la charge ; les hommes répon-
dent qu'ils sont prêts à obéir aux ordres
de Son Altesse ; puis ils se tiennent dans
le cimetière, les bras croisés, tandis que
leurs femmes et leurs enfants, dans l'intérieur de l'église, font au cercueil de leur bon
Père un rempart de leurs corps ; en ce
moment la faiblesse devient force, l'amour

est le bouclier qui assure le triomphe.

« C'est la volonté de Dieu, disent-elles,
» que le corps demeure là. Vous ne
» pensiez pas venir ici ; c'est Lui qui vous
» y a contraints pour nous faire ce pré-
» sent et ne serions-nous pas bien mal-
» heureuses de le perdre par notre faute ?
» Et puis, ne savons-nous pas que notre
» bon Père a de tout temps, et même
» dans ses derniers moments, choisi ce
» lieu pour sa sépulture ? Il y est, il y
» restera ! » Elles ajoutèrent beaucoup
d'autres discours ; « enfin, dit le Père
» Bédel, elles dirent et firent si bien que les
» chanoines se virent réduits à se retirer
» après avoir beaucoup dit aussi, mais
» sans avoir rien fait. »

Pierre Fourier avait, en effet, choisi
Mattaincourt pour lieu de sa sépulture ;

il voulait que la mort même ne pût le séparer de ses chers enfants. Craignant de mourir dans l'un de ses nombreux voyages pour le bien de ses deux congrégations, il était convenu avec l'un de ses paroissiens que celui-ci irait chercher son corps en quelque lieu qu'il se trouvât. Cet homme étant mort avant le saint curé, son fils restitua aux chanoines de Notre-Sauveur ce qu'il avait reçu pour prix de ce service.

Mattaincourt voulait réaliser le désir si légitime de son Pasteur. Mais les chanoines tenaient absolument à rentrer en possession de ce bien qu'ils considéraient comme leur ; ils portèrent de nouveau leur plainte devant le duc Charles et demandèrent un renfort de troupes contre les habitants de Mattaincourt.

Le prince leur donna la garnison de Mirecourt ; mais les paysans étaient sur leurs gardes, et une sentinelle placée au sommet de la tour faisait le guet jour et nuit. Dès qu'elle aperçoit les soldats, l'alarme est donnée, les femmes accourent à l'église avec leurs enfants, se pressent autour du cercueil environné de barricades de fer. Devant cette masse compacte au mères de courage héroïque, les soldats n'osent tirer ; ils demeurent immobiles, muets d'étonnement. Pourtant il leur faut faire un siège en règle contre cette petite place vaillamment défendue. Toutes ces femmes crient à la cruauté, implorent la protection de leur bon Pasteur et déclarent qu'elles périront plutôt que de livrer un bien qui leur est si précieux.

— « Nous pouvons perdre la vie, mais ce

» trésor, jamais ! Peut-être épargnera-t-
» on nos enfants ; ils jouiront d'un trésor
» acheté par le sang de leurs mères. Pre-
» nez nos maisons, nos terres, nos per-
» sonnes ; bâtissez là un beau monastère ;
» nous dépendrons de vous, nous serons
» vos serfs, s'il le faut, mais laissez-nous
» notre Père ! — Que ferai-je ? dit le com-
» mandant, ému devant cette noble résis-
» tance ; donnerai-je l'ordre de tirer sur
» des enfants et des femmes ? — Non,
» non, s'écrièrent les religieux ; nous
» aimons mieux tout perdre que de voir
» une goutte du sang des enfants
» arroser le tombeau du Père. »

On céda devant l'admirable constance
des femmes de Mattaincourt : à elles revient l'honneur d'avoir gardé à leur
pays les cendres vénérées de leur Pasteur.

Les chanoines consentirent enfin à les y laisser, au moins provisoirement. Néanmoins, les habitants ne cessèrent de veiller sur ce précieux dépôt qui n'était pas encore confié à la terre.

Jusqu'au mois de septembre, le corps du Bon Père resta dans son double cercueil exposé à la vénération des fidèles qui, chaque jour, venaient lui rendre leurs hommages ; des fleurs nouvelles, des cierges allumés y étaient sans cesse déposés, et une lampe d'argent y brûlait continuellement en son honneur.

Cependant la guerre avec la France se ranimait avec plus d'ardeur que jamais. La trève, appelée la petite paix, semblait n'avoir été conclue que pour donner au duc Charles IV la possibilité de rendre à son pays les restes de celui

qui en était la gloire. Les ennemis s'a-
vançaient vers la Lorraine, et les habitants de Mattaincourt, craignant les
profanations des hérétiques alliés de la
France, se hâtèrent d'inhumer les dépouilles mortelles de leur vénérable
Pasteur. Les deux cercueils furent en-
fermés dans un troisième, que l'on déposa dans une fosse creusée sous le
Crucifix, à l'endroit même désigné par
le Bon Père. Aucune inscription ne marqua d'abord le lieu de sa sépulture.

Plus tard, lorsque la paix eut été rendue
à la Lorraine, on grava sur la pierre
tombale deux vers latins dus à la plume du
P. Bédel et dont voici la traduction :

Ici, loin de ton cœur que garde une autre terre,
Gisent, Pasteur chéri, tes restes vénérés ;
Ah ! pour que rien n'y manque, ouvre ton sein
Et reçois nos cœurs éplorés !   [de Père

Pendant sa vie, Pierre Fourier fut favorisé du don des miracles, comme il le fut encore après sa mort. Par ses ferventes prières, il rendit la santé à des malades que les médecins avaient abandonnés.

On raconte qu'une jeune fille de Mattaincourt fut affligée à la jambe d'une plaie qui dégénéra en ulcère cancéreux. Tout espoir était perdu, les chirurgiens ne voyant à ce mal d'autre remède que l'amputation. Seul, le Bon Père, plein de confiance en la divine Bonté, la supplie de venir au secours de la pauvre enfant ; puis il conseille à celle-ci de laver sa plaie avec de l'eau fraîche ; elle obéit, et Dieu récompensa la foi de son serviteur par une entière et prompte guérison.

Plus tard, Mattaincourt fut témoin d'un prodige plus étonnant encore. Un pauvre domestique fut atteint au genou d'un mal affreux qui le réduisit à un état si déplorable que les médecins déclarèrent que l'amputation serait seule capable de lui sauver la vie. Ému de compassion, Fourier implore le Seigneur pour cet infortuné. Le jour fixé pour l'opération étant arrivé, il se rend auprès du malade qu'il exhorte doucement à la confiance en Dieu, puis il se met en prières en attendant l'arrivée des chirurgiens. Ils arrivent ; le Bon Père se dirige vers eux : « Ah ! Messieurs, dit-il, je vous » prie, différez votre opération. »

On s'approche du jeune homme.

— « Et pourquoi, ajoute avec douceur le » saint prêtre, pourquoi couper la cuisse

11.

» à ce pauvre garçon ? il n'y a pas tant de
» mal. » Les médecins le prient d'y
regarder de plus près et de se convaincre
par ses propres yeux. Le genou malade
est découvert, le Bon Père le touche
légèrement en soulevant un peu la jambe ;
à l'instant, le mal disparaît aux yeux des
chirurgiens, muets de surprise et d'admiration.

Le pouvoir de Fourier alla jusqu'à
s'étendre sur la mort même. Le 31 mai
1621, avait eu lieu la clôture solennelle
du monastère de Notre-Dame, à Mirecourt.
Le soir même, Fourier était revenu dans sa
chère paroisse, accompagné de M. Jennin,
curé de Châlons, qui avait assisté à la
cérémonie. Quelques enfants qui jouaient
au bord d'un puits, voyant se diriger
vers eux cet ecclésiastique qu'ils ne

connaissaient pas, s'enfuirent effrayés ;
mais l'enfant qui tenait le seau fut
entraîné avec lui et tomba au fond de
l'eau. On accourut, trop lentement,
hélas ! car lorsque la petite fille fut
retirée du puits, elle était complètement
privée de vie.

Son malheureux père accourt, se jette
aux pieds de son Pasteur : « Que ferai-
» je, mon Père, que ferai-je ? — Priez
» Dieu, mon fils, priez Dieu, » lui répond
le saint prêtre avec émotion.

Puis il se retire dans sa chambre, et,
se prosternant devant Dieu, il le conjure
avec larmes d'avoir pitié de ce père
affligé.

Sa prière fut entendue de Celui à
qui rien n'est impossible, sinon de n'avoir
pas pitié des malheureux ; l'enfant

revint à la vie, et conserva toujours la mémoire de ce bienfait .

Vraiment, les habitants de Mattaincourt pouvaient s'écrier avec un poète :

« Dieu chérit donc beaucoup notre
» petit village ! »

Mais ce ne furent pas seulement les enfants du Bienheureux qui eurent part aux faveurs signalées qu'il obtenait de Dieu. Un religieux de la Compagnie de Jésus fut atteint, durant une mission qu'il prêchait à Badonviller, d'un mal de gorge très grave qui le contraignit de revenir à Nancy. Forcé par la maladie de s'arrêter à Lunéville et ne voulant pas mourir à l'hôtellerie, il demanda l'hospitalité aux chanoines de Notre-Sauveur, qui le reçurent avec empressement et lui prodiguèrent tous les soins de la plus tendre charité. Le Bon Père le visitait avec assiduité ; un jour, se trouvant seul avec lui, et voulant préluder par un acte d'humilité profonde à l'œuvre qu'il allait accomplir, il se jeta à genoux devant le lit du mourant et le supplia de l'entendre en confession. Le malade, épuisé et incapable de prononcer une parole, le repoussa doucement. Fourier se lève, se rend à l'église où il passe la nuit en prières, et le lendemain le religieux, parfaitement guéri, retournait à sa mission.

Le duc Charles IV dut à une faveur semblable la tendre affection qu'il porta toujours depuis à notre Bienheureux Père. En 1623, il était tombé malade de la petite vérole et l'on n'espérait plus le conserver. Fourier fut mandé auprès de lui ; avant de partir, le saint religieux, alors à Lunéville, réunit ses novices et les mit en prières à cette intention ; lui-même consacra la nuit tout entière à gémir devant le Seigneur et à macérer son corps par la pénitence.

Le matin venu, il donna d'un air joyeux les ordres du départ, et répondit à ses disciples étonnés de sa gaîté : « Il ne mourra point. »

Dès que le prince l'aperçut, il étendit la main et toucha le vêtement du saint prêtre. Dès lors, le mal cessa ses ravages ; le lendemain la fièvre disparut, et peu de jours après, Charles avait recouvré une parfaite santé.

Les miracles opérés après sa mort par l'humble Fourier ne sont ni moins nombreux, ni moins admirables, aussi l'éclat de sa sainteté a traversé les âges.

En 1730, le Chef suprême de l'Eglise, répondant à des milliers de voix qui demandaient la glorification du Bon Père de Mattaincourt, le déclara Bienheureux.

Le procès de sa canonisation est maintenant introduit en cour de Rome ; puissions-nous le voir bientôt heureusement terminé, pour la plus grande gloire de Dieu et de son fidèle serviteur ! Daigne le Seigneur hâter le jour où il nous sera donné d'honorer Pierre Fourier comme l'un des plus grands saints dont l'Eglise de la terre ait enrichi celle du Ciel !

CHAPITRE IX

Le Bienheureux Pierre Fourier a laissé plusieurs ouvrages, au premier rang desquels se placent les Constitutions de ses deux Ordres religieux et le recueil de ses lettres qui ne renferme pas moins de vingt volumes.

Les Constitutions de Notre-Dame sont divisées en sept parties. Au sommet de cette grande œuvre, on lit cette inscription :

Au nom de Notre-Seigneur et Sauveur Jésus-Christ, Dieu tout puissant, à son honneur et gloire et en son aide !

Pour comprendre le mérite littéraire des écrits de Fourier, il faut se reporter à l'époque où il vécut et le comparer aux auteurs contemporains. Un nom éclipsait alors tous les autres : c'était celui de Malherbe. Cet écrivain tentait une réforme de la poésie, il fut secondé par Saint François de Sales qui voulait obtenir le même résultat pour la prose.

L'aimable saint cherchait à se rendre aimable en toutes choses, même en son style : il le dégageait des épithètes qui rendent la phrase traînante et dont Bergerac donne un exemple en disant que l'aqueduc d'Arcueil est semblable « à un » grand os dont la moëlle chemine »

La haute société française admirait alors ces ridicules ; mais la littérature devait bientôt être renouvelée par des hommes de goût et de talent : le cardinal du Perron qui réfuta le protestantisme dans un style clair et modéré ; Mgr de Coëffeteau, évêque de Marseille, auteur d'une histoire de Rome qui intéresse encore de nos jours.

Parmi les contemporains de notre Bienheureux, on doit surtout remarquer Balzac ; cet auteur, oublié aujourd'hui, fut admiré pendant son vivant bien au-delà de son mérite ; on se faisait honneur d'être en relation avec lui, chaque mot écrit de sa main était forcément regardé comme spirituel, ingénieux, profond. Cette espèce d'engouement universel dont il fut l'objet l'infatua de ses propres talents et l'empêcha de cultiver les dons de la nature ; on sent partout qu'il s'admire et voudrait se faire admirer ; il est correct, mais froid, sans imagination ; ce n'est qu'un rhéteur.

Quant à notre Bienheureux Père, il écrit avec un abandon plein de grâce ; chez lui, les pensées les plus graves n'excluent pas le mot pour rire, qui se présente toujours plein d'à-propos. Ses ouvrages sont empreints d'un naturel qui charme et captive : quelques citations en donneront la preuve.

Les Constitutions de la Congrégation de Notre-Dame commencent ainsi :

« Ecoutez, fille de Notre-Dame, écou-
» tez l'instruction salutaire, amiable,
» puissante et divine de votre très sage,
» très sainte et très bénigne Mère qui,
» d'un cœur tout de mère, vous dit ces
» très douces paroles, en vous prenant

» et vous retenant en sa très dévote et très
» noble famille : « Ma fille bien-aimée,
» faites entièrement tout ce que vous dira
» mon Fils, votre Seigneur, votre Créa-
» teur, votre Sauveur et Rédempteur,
» votre Dieu, votre Époux...»

Lisons aussi le chapitre des Écoles,
admirablement écrit pour l'époque : « Il
» est nécessaire, pour le bien des
» jeunes écolières, et de leurs pères et
» mères, et des familles qu'elles gou-
» verneront par la suite, qu'elles soient
» de bonne heure bien dressées et soi-
» gneusement instruites dans la crainte
» de Dieu et dans toutes les choses
» qui les puissent aider à vivre et à
» bien vivre... Les religieuses de la
» Congrégation de Notre-Dame ensei-
» gneront dans leurs écoles, expres-

» sément bâties et préparées pour les
» petites filles de parmi la ville, toutes
» celles qui s'y présenteront ; elles
» instruiront aussi d'autres filles qui
» seront pensionnaires et logées dans
» l'enclos du monastère... Les religieu-
» ses tâcheront de leur montrer tout ce
» que l'on trouvera qui se puisse
» enseigner avec bienséance par des
» religieuses, et s'apprendre à des filles
» du monde, pour plaire à Dieu, à leurs
» pères et mères, et autres personnes
» de leur appartenance ; elles leur
» apprendront tout ce qui est nécessaire
» pour s'exercer au saint amour de Dieu
» et en la dilection sincère du prochain,
» et pour se gouverner saintement par-
» mi les richesses et grandeurs de
» la terre, aussi bien que dans la pau-

» vreté, le mépris et la nécessité... On
» devra enseigner la prière, le caté-
» chisme et la haine du péché, l'amour
» de la vertu et des bonnes œuvres,
» les mœurs des chrétiennes, la civilité
» et la bienséance ; à lire, à écrire, à
» calculer, à travailler à toutes sortes
» d'ouvrages manuels, propres à des
» filles, et qui, de soi, puissent porter
» quelques profits à celles qui voudront
» s'en servir..... En enseignant le caté-
» chisme, les maîtresses procéderont
» toujours doucement, en sorte que les
» esprits tendres des petites filles ne
» soient pas trop chargés, ni ennuyés,
» ni dégoûtés. Elles l'exposeront tout
» simplement et sans grand appareil,
» sans y mêler aucun discours inutile
» ou question subtile ou recherchée,

» se contentant de ce qu'elles estime-
» ront sortable à la capacité de leurs
» petites auditrices. Elles rapporteront
» parfois des histoires, mais qui soient
» authentiques et prudemment choisies.
» Les maîtresses auront égard à ce qui
» est requis et convenable à la condition
» de chacune de leurs petites écolières, et
» tâcheront de former les mœurs d'icelles
» à la bienséance commune aux plus sages
» et vertueuses chrétiennes qui vivent
» dans le monde et sont de même qualité.
» Elles auront aussi égard aux désirs et
» volontés raisonnables des pères et mères ;
» en tout cas, en se gardant bien d'y rien
» entremêler de ce qui est propre à la vie
» religieuse ou éloigné des cérémonies des
» filles séculières bien sages.

» Les jeunes filles porteront en leur inté-

» rieur et à l'extérieur un entier et parfait
» amour et révérence à leurs pères et mè-
» res, une obéissance exacte et ponctuelle,
» et tâcheront toujours de les contenter, de
» les consoler et réjouir, sans jamais faire
» aucune chose qui puisse leur déplaire.
» Elles aimeront aussi leurs aïeuls et aïeu-
» les, leurs oncles et tantes, et feront des
» prières pour eux. Elles obéiront exacte-
» ment à leurs maîtresses, leur porteront
» honneur et révérence ; elles prendront
» garde surtout d'offenser ou mépriser
» aucune de leurs compagnes, si petite ou
» pauvre qu'elle soit. Elles les aimeront
» toutes en Dieu, et vivront toutes en
» bonne paix, ce qu'elles apprendront aussi
» à observer à l'égard de toutes autres
» personnes. »

Il y a certainement quelques expressions qui peuvent blesser la délicatesse de notre langage moderne, mais si l'on compare les ouvrages de Pierre Fourier à ceux des auteurs contemporains, on y voit une supériorité marquée et très réelle.

Citons maintenant une lettre du Bon Père ; il écrit à ses religieuses au sujet d'une personne qui demandait à entrer dans leur Institut :

« La conséquence que je crains, au
» cas que vous receviez cette fille,
» c'est que dorénavant, à l'imitation de
» ce premier exemple, plusieurs per-
» sonnes de qualité et de moyen vous
» présenteront de leurs filles qui auront
» les épaules bossues et épines du dos
» mal faites. Si vous les acceptez, vous
» aurez bientôt un hôpital au lieu d'un

» monastère ou collège de filles à en-
» seigner les autres. Et puis, voilà la
» porte ouverte à votre congrégation,
» pour en faire courir de tous côtés
» aux autres monastères. Que si vous
» les refusez, ou toutes, ou quelques-
» unes, aussitôt on vous objectera que
» vous avez bien reçu une telle. —
» Oui, mais, direz-vous, ce n'est qu'une
» épaule qui se trouve un peu plus
» haute que l'autre et une petite dif-
» formité dans l'épine du dos ; cela ne
» paraît comme rien, il n'y a point de
» douleur ni d'incommodité. — Ils vous
» répliqueront que la leur est toute
» semblable à celle-là, point de douleur,
» point d'incommodité, et même point
» de difformité en l'épine. Seulement
» ses épaules sont un peu plus hautes

» que celles des autres gens, ce me
» semble, mais c'est si peu que rien !
» Et si on veut la mesurer ou confronter
» avec celle qu'avez déjà reçue, vous
» ne trouverez qu'un peu, un tout peu
» davantage de bosse, et encore est-ce
» que son corps de robe n'est pas bien
» fait. Le tailleur d'habits est un pau-
» vre ignorant qui n'y connaissait rien.
» Au reste, c'est la plus sage fille, la
» plus dévote, la plus habile, le meil-
» leur esprit, la mieux apparentée ; ce
» sera merveille. Il la faut recevoir : et
» deux ! Au bout de quelques mois, en
» arrivera une troisième qui ne sera
» guère plus difforme que la seconde,
» un peu plus, mais c'est si peu que
» peu. Recevons-la donc encore. Elles
» viendront infailliblement à la file comme

» cela, et, en cas de difficultés, elles em-
» ploieront les évêques, les princes, les
» seigneurs..... Pensez donc à ce qu'avez
» à faire en ceci, je vous supplie. Ce que
» je vous écris n'est pas pour vous em-
» pêcher de la recevoir, mais seulement
» pour vous dépêcher de recourir à Dieu
» dévotement, et le supplier qu'il lui
» plaise vous découvrir, en cette perple-
» xité, ce qu'il sait le plus propre, en
» cet endroit, pour son honneur et gloire
» et pour le bien de votre monastère et
» de toute la Congrégation. »

Cette lettre est charmante ; le style
en est vif, enjoué, spirituel, et nous
montre dans tout son jour le talent de
Pierre Fourier.

Voici maintenant un passage des
Constitutions de Notre-Dame où il parle

des jeunes filles protestantes admises
dans les écoles de la Congrégation :

« Si quelque fille de la religion pré-
» tendue réformée se trouve parmi les
» vôtres en vos écoles, traitez-la chari-
» tablement, ne permettez pas que les
» autres la molestent en lui faisant
» quelque fâcherie ; ne la sollicitez
» ouvertement de quitter son erreur,
» et ne lui parlez directement contre sa
» religion ; mais, aux occasions, louez
» la nôtre, et montrez, en parlant à
» toutes en général, combien sont rai-
» sonnables et belles les choses que
» nous y enseignons et que nous y
» pratiquons. Surtout, imprimez bien
» dans leur esprit que les enfants doi-
» vent à leurs pères et mères un
» grand amour, grand respect, et à

12.

» Dieu l'amour et l'obéissance à ses
» commandements. Rien de cela ne
» peut offenser ces pauvres esprits-là.
» S'ils apprennent bien, vous pourrez
» louer leur diligence et leur donner
» pour prix, au lieu d'images, quelque
» papier doré, quelque belle plume à
» écrire, ou autre chose semblable
» qu'ils ne puissent dédaigner. »

Ainsi Pierre Fourier sait respecter la liberté de conscience ; on peut dire, avec l'un de ses biographes, qu'il n'eut rien des faiblesses de l'homme : l'amour de Dieu, l'amour de l'humanité souffrante l'inspirent uniquement ; jamais l'excès, si permis et si excusable, du zèle ne fait dévier de sa route cet esprit plein de raison et d'équité.

La suavité du style de Pierre Fourier

provenait de la bonté de son âme qui ne savait pas violenter, mais porter doucement à Dieu. On lui demandait à quelles pratiques de piété les jeunes filles doivent être soumises. Il répondit :

« Il faut choisir la forme la plus
» plus douce, la plus aisée.., toujours
» sans trop les presser ou les ennuyer,
» ou trop les importuner... On aura
» spécialement égard aux œuvres de
» miséricorde auxquelles on les exci-
» tera souvent et les exercera, au moins
» en leurs fréquentes prières présentées à
» Dieu pour les nécessiteux, en atten-
» dant que l'âge plus mûr et leur voca-
» tion les rendent capables de consoler les
» affligés et les secourir en quelque
» autre manière. »

Les réprimandes que Fourier devait

adresser à ses subalternes n'avaient jamais rien de blessant ; ses conseils étaient donnés avec un ton paternel et bienveillant qui faisait accepter de bonne grâce ses recommandations.

Ecrivant à son successeur de Mattaincourt, pour lui envoyer un vicaire, il lui dit avec une grâce charmante :

« Voilà le Révérend Père qui va se
» soumettre à votre obéissance ; si
» par quelque transport ou pieux excès
» de ferveur à soutenir la vérité de
» quelque proposition, il venait à sortir
» des bornes qu'on lui a prescrites,
» que Votre Révérence emprunte vive-
» ment le petit flageolet que le servi-
» teur de l'un des Gracques tenait
» derrière son maître, et se serve tout
» doucement de ce gentil petit sifflet

» pour faire que la parole du bon Père
» change non-seulement de ton mais
» aussi de matière. Que si Votre Révé-
» rence veut retenir ce flageolet pour
» s'en servir aussi elle-même en parlant
» au pauvre petit valet, lorsqu'il n'aura
» pas apporté assez tôt les écuelles,
» ou rompu un verre, ou mis en oubli
» pour une matinée le tiers ou la moi-
» tié de ses ouvrages, elle ne sera pas
» obligée de se repentir en faisant son
» examen le soir, ni de s'accuser de s'ê-
» tre accommodée d'une pièce empruntée
» chez un serviteur romain, et d'avoir
» transporté un peu d'or étranger dans
» notre terre de promission. Ceci soit
» dit comme en riant à demi pour
» récréer un peu Votre Révérence. »

Mais voici une lettre plus remarquable encore que les précédentes et qui est du style des meilleurs écrivains ; elle est adressée aux religieuses de Lunéville :

« Il y a longtemps, mes sœurs, que
» je désirais d'entendre de vos bonnes
» nouvelles ; et, Dieu merci, le Révérend
» Père Prieur a pris la peine de m'écrire ;
» mais les meilleures nouvelles que je
» pourrais souhaiter, c'est qu'il dit que
» vous faites *très bien*. C'est comprendre
» en un mot tout ce qui se peut dé-
» sirer au ciel et sur la terre pour des
» religieuses : *très bien, très bien*, c'est
» un mot admirable... S'il eût mis seu-
» lement *bien*, c'était déjà beaucoup, et
» suffisamment pour contenter et con-
» soler ceux qui vous chérissent unique-
» ment en Dieu...

» *Elles font bien*, c'est-à-dire elles sont

» bien humbles, elles sont bien patien-
» tes, bien dévotes, bien laborieuses,
» bien diligentes... à toutes sortes d'ex-
» ercices de leur devoir... Elles font
» *bien*, c'est-à-dire elles ne pensent rien
» que de bien, elles ne disent rien que
» de bien, elles ne désirent rien que
» de bien. Elles vivent bien, elles
» meurent bien. Elles sont toutes saintes.
» A la vérité, mes chères sœurs, ou,
» pour mieux dire, mes très chères
» sœurs, c'est beaucoup que cela... Mais
» c'est bien autre chose encore quand
» on pratique ce très riche, ce très
» divin, ce très mystérieux mot *très bien*.
» Mon esprit, à la lecture de ce mot,
» voudrait être comme ravi et s'envoler
» par-dessus tous les cieux. *Elles font*
» *très bien*, c'est-à-dire elles sont très

» humbles, très humbles, très humbles ;
» elles sont très patientes, elles sont
» très dévotes, très ferventes ; elles sont
» même très contentes, et, qui plus est
» encore, très désireuses d'afflictions,
» de pauvreté, de faim, de soif, etc.
» Ce sont leurs délices, leurs friandises,
» leurs viandes plus délicates et plus
» exquises, ces divins mets-là. »

Il s'excuse d'avoir donné des avis, touchant la Congrégation de Notre-Sauveur, à l'un de ses religieux des plus sages et des plus estimés.

» Monsieur mon Révérend Père, ex-
» cusez ma sottise et témérité de ma
» plume ; elle court et s'avance ici con-
» tre ma volonté ; il semble proprement
» que j'écrive à quelqu'un qui ne sache
» pas les choses beaucoup mieux que

» moi... mais cette effrontée de plume
» semble être aucunement excusable en
» ce sien babil et bégayement importun
» parce qu'elle prend du repos et du
» contentement indicible, qui n'est pas
» défendu, ce croit-elle, à deviser avec
» Votre Révérence. »

Un autre jour, accablé de travaux,
il l'avoue à ses religieuses en ces termes :

« Je n'écris point de lettres et ne parle
» à personne qu'il ne me soit tout à fait
» nécessaire ; je ne perds aucune goutte-
» lette du temps à escient, ou je me
» trompe bien.... et je veille quelquefois
» des nuitées tout entières à écrire et à
» répondre. »

Dans le temps de Noël, il leur parle
de sa chère paroisse de Mattaincourt :

« Je ne puis, en façon que ce soit, sortir

» de notre paroisse entre ces bons jours,
» sans offenser Dieu et tout notre peuple,
» qui serait infiniment mal content et
» scandalisé, et rempli de plaintes et de
» murmures, si, après les avoir invités à
» la confession, ces dimanches passés, et
» promis publiquement en chaire, dans
» l'église, de me tenir prêt à toute heure
» pour les y recevoir à leur commodité,
» je les abandonnais tout à coup, pendant
» qu'ils font devoir de s'y présenter, en
» bonnes dispositions, Dieu merci, du
» devant le jour, et continuellement
» pendant toute la journée, quand je m'y
» tiens. On a un peu labouré, au moins
» mal, cette pauvre terre depuis l'Avent,
» et il n'est pas temps qu'aux jours où le
» grain est mûr, prêt à prendre et n'attend
» que la faucille, le misérable manou-

» vrier, qui était nourri et salarié tout
» exprès à cette intention, se retire.
» Que dirait le Seigneur de la moisson?
» que diraient ces pauvres gens, si
» délicats, si infirmes, si aisés à se dégoû-
» ter et retirer de leurs dévotions quand
» elles ne sont pas prises à leurs heures
» et saisons? C'est maintenant le temps
» pour eux, et ne pourra-t-on les recou-
» vrer par après. »

Son style est simple, plein d'aban—
don; aussi veut-il que celui de ses filles
possède les mêmes qualités; il leur dit :

« Je désire que vous m'écriviez tout
» naïvement, et tout simplement, et à
» la bonne foi, les tout premiers mots qui
» vous viendront à l'esprit; voilà comme
» j'en fais et comme je vous écris. »

A celles de Saint-Mihiel :

« Je vous supplie qu'il vous plaise, pour
» ce coup, m'excuser du voyage que vous
» pressez si fort. — Mon Dieu, dites-vous,
» toutes fâchées, quelles si grandes affaires
» y a-t-il à Lunéville ?

» Je dis, tout fâché aussi bien que vous :

» — Mon Dieu, quelles si grandes
» affaires y a-t-il à Saint-Mihiel ? C'est un
» petit paradis chez vous... vous êtes tou-
» tes parfaites, toutes saintes... De quoi
» vous plaignez-vous ? que demandez-vous
» encore ? Etant si bien rassasiées, je ne
» saurais que vous dégoûter avec mes
» miettes moisies de pain d'orge et
» d'avoine. »

Aux religieuses de Sainte-Menehould
qui lui demandaient conseil :

« Je m'estimerais heureux de veiller
» jour et nuit, en tant que mon peu

» de force le pourrait permettre, pour
» essayer si je pourrais m'aviser de quel-
» que chose qui vous agréât. Que si
» notre bon Dieu me dédaigne en cela,
» ce me sera une grosse punition, mais
» vous n'y perdrez rien. Car il vous aime
» trop, le bon Dieu, le bon Jésus. »

A ses chères filles de Châlons :

« Vous me demandez, écrit-il, de
» vous traduire les épîtres de saint
» Jérôme. Ah! mon Dieu! je n'ai pas
» le temps. Ne le croyez-vous pas,
» pauvres filles? Et puis, je n'entends
» rien à ce métier-là de traduire des
» auteurs. Il semble, en lisant ce que
» vous écrivez sur les psaumes, que
» vous estimez que je les ai traduits,
» et les veuille faire imprimer de ma
» façon. Vraiment, c'est pour rire! Je

» vous écrivais, çe me semble... que
» ce serait bien fait d'en mettre sous
» la presse pour vos écoles. Mais je
» n'entendais pas que ce fût de ma
» version. Jésus! Maria! J'en suis bien
» éloigné, mais c'est de celle du sieur
» Desportes. »

Un de ses religieux lui demande la
permission d'occuper un bénéfice qui lui
est offert :

« Je vous donne, répond le Général,
» la permission de prendre la charge
» d'administrer un bénéfice..... Mais
» j'entends, mon Révérend Père, que,
» vous chargeant ainsi d'une cure, vous
» ne laissiez pourtant d'être toujours
» religieux de la Congrégation de Notre-
» Sauveur. Car je vous aime tant selon
» Dieu, et pour l'amour de vous et

» de votre vertu, et vous honore et
» vous estime tant que je ne veux
» nullement vous quitter tout-à-fait,
» ni changer votre personne contre une
» cure, ni même contre un évêché,
» fût-il *aussi bien renté que celui de Tolède.* »

Les religieuses de Mirecourt avaient
des difficultés avec une dame pour un
terrain : « On vous menace de traité,
» de défense de clôture. Je ne sais s'il
» serait tant aisé à la dame de faire
» tout cela. Si, ne faut-il néanmoins du
» tout négliger la parole d'une *dame*
» *irritée* ! »

A peine rétabli d'une maladie grave,
le Bon Père écrit à ses religieux de
Lunéville qui réclamaient sa présence :

« Tout en pleine santé, je ne suis
» qu'un pauvre misérable rien-vaut,

» qui ne vous sert qu'à manger inuti-
» lement votre pain ; étant encore pré-
» sentement comme moitié malade, que
» saurais-je faire parmi vous, sinon
» vous importuner et charger, et vous
» provoquer à un très juste et très
» pieux dédain de me voir mener en ce
» sacré lieu et entre des hommes si
» parfaits, ou plutôt des anges, une
» vie d'épicurien, friande et paresseuse,
» comme je fais ici ? »

Outre ses lettres et les Constitutions de Notre-Dame, le Bienheureux Pierre Fourier nous a laissé quelques ouvrages d'une importance secondaire. Le premier est intitulé : *Le primitif et légitime esprit de l'Institut des filles de la Congrégation de Notre-Dame ;* ce livre, appelé par la Congrégation des rites : *vere aureus,* a été écrit pour des religieuses, mais il peut être utile aux personnes qui vivent dans le monde ; c'est un traité de philosophie chrétienne dont le style est correct et qui est remarquable par la profondeur des pensées.

Un petit opuscule, ayant pour titre : *Règles de modestie*, fait connaître la riche imagination de l'auteur. En voici quelques passages :

« Si notre âme est simple et can-
» dide, cela rejaillit sur notre face, qui
» en devient lumineuse ; n'est-il pas
» dommage de ternir un si beau miroir,
» de salir une si fine glace ?... Toutes les
» passions la ternissent ; mais il n'y en
» a point qui vicie davantage la res-
» semblance de l'image de Dieu que
» la colère qui défigure, fronçant le nez,

» ridant le front, haussant les sourcils,
» grinçant des dents, fumant par les
» narines, étincelant des yeux, de telle
» sorte que, rejetant tout ce qu'elle
» avait de l'homme, la face ne tient
» plus que de la bête, mais effarouchée
» et dénaturée. »

Après la colère, vient la tristesse :
« La tristesse, dit-il, chassant le
» Saint-Esprit qui est un esprit de liesse,
» attire un esprit morne qui est celui
» de Satan ; c'est le ver du cœur,
» c'est un serpent venimeux qui fait
» mourir l'âme et la chair tout ensemble ;
» c'est une fièvre cachée qui brûle
» plus ardemment que tout autre feu ;
» elle ronge notre cœur et défigure
» notre visage, comme le ver mange
» le bois : l'âme rongée par les cuisantes

» morsures de la tristesse est inutile !... »

Pierre Fourier examine ensuite les yeux « qui font voir les plus secrètes » passions de notre cœur, dont ils sont » la lumière. La superbe les élève, la » curiosité les égare, l'humilité les » abaisse, l'amour les fait étinceler, » l'impudence les attache fixement, la » haine les rend livides ; ils admirent, » ils aiment, ils convoitent, ils volent, » ils dérobent, ils frappent par les regards » comme par des dards acérés infestés » d'un poison mortel... »

Le saint fondateur va maintenant indiquer à ses filles spirituelles la manière dont elles doivent veiller sur leurs regards :

« Elles doivent tenir leurs yeux bas, » demi-clos, sans jamais les hausser

» pour regarder au visage, de peur
» que le feu qui est dans les yeux de
» ceux qui leur parlent n'allume la
» poudre cachée sous les roses des leurs
» et fasse un grand embrasement dans
» dans leurs cœurs. »

Le dernier ouvrage du Bienheureux est intitulé : *Pratique des curés ;* malheureusement, le manuscrit s'en est perdu, détruit peut-être par l'auteur lui-même. Ce livre n'est connu que par ce qu'en dit le Père Bédel, qui en avait retrouvé quelques fragments.

Fourier aimait peu à composer parce que, disait-il, « La philautie (l'amour
» de soi-même) est dangereuse et sub-
» tile et se prend aisément ès doigts
» de ceux et de celles qui se mêlent
» d'écrire. »

Ces différentes citations donnent une idée du style de Pierre Fourier. On peut dire que le trait caractéristique de sa manière d'écrire est une simplicité charmante jointe à cet excellent esprit français qui orne toutes choses d'une manière délicieuse.

CHAPITRE X.

MAXIMES DE PIERRE FOURIER

Pour mieux connaître encore la grande âme de Pierre Fourier, une dernière étude devient nécessaire ; étude remplie d'intérêt, qui fait voir les trésors de ce cœur d'apôtre.

Choisissant ses maximes préférées, nous les méditerons en nous rappelant la manière dont le Bon Père les comprenait et les mettait en pratique.

« *Omnibus prodesse, obesse nemini.* »

« Être utile à tous, ne nuire à personne ».
Cette devise semble avoir inspiré sa

vie tout entière ; elle résume sa conduite et nous dévoile le secret de son immense bonté pour les hommes, ses frères.

Cette parole, c'est un écho de celle de l'Apôtre : « Je me suis fait tout à tous » pour les gagner tous à Jésus-Christ. »

La pratiquer serait retracer en soi-même cette autre parole qui résume divinement la vie du Sauveur Jésus : « Il a passé en faisant le bien. »

Qu'est-ce donc que faire le bien, sinon s'efforcer de se rendre utile à tous ?

Être utile à tous, c'est donner à une âme défaillante un mot qui la relève et la fortifie, à un cœur troublé le repos et la sécurité ; c'est montrer aux aveugles la route du salut, c'est tendre la

main à celui qui chancelle, c'est calmer
une douleur, apaiser une crainte, secourir l'infortune, adoucir en un mot toutes
les souffrances de l'âme ; c'est publier
hautement les bontés du Seigneur,
arrêter le blasphème sur les lèvres de
l'impie, faire bégayer aux petits enfants
les noms sacrés de Jésus et de Marie,
ranimer l'espérance dans le cœur du
mourant et du pécheur tremblants devant
la Justice divine ; c'est faire bénir la
religion qui pardonne, relève, encourage.

Être utile à tous, c'est encore donner
aux affamés le pain qui leur manque,
un abri à ceux qui n'en ont plus, un
vêtement à ceux qui ont froid ; c'est
panser les plaies du vieillard, porter
aux orphelins une affection tendre et

compatissante ; c'est être pour tous l'ange du bon Dieu, l'ange de la Charité !

Sans doute, il est doux de faire le bien, et le cri de la conscience satisfaite est à lui seul une récompense à laquelle nulle autre en ce monde ne saurait être comparée.

Mais si nous aimons à nous dévouer aux œuvres de charité, nous voulons trop souvent le faire à l'heure de notre choix, aux personnes de notre goût et dans la mesure qui nous plaît : est-ce donc là le sens de cette parole : *Omnibus prodesse ?* — *Omnibus*, à tous indistinctement, amis, indifférents, ennemis, sans acception de personnes, de nationalités, de races : *Omnibus*.

Cependant, ce n'est pas tout de faire

le bien, il faut encore éviter tout ce qui peut, en façon que ce soit, blesser la charité et causer à nos frères quelque souffrance ou quelque ennui. Aussi notre Bienheureux Père ajoute-t-il : « *obesse nemini*, ne nuire à personne. » Ces deux mots viennent admirablement s'ajouter à ceux que nous avons déjà commentés, pour former, en quelque sorte, le code complet de la charité chrétienne envers le prochain.

Du reste, mettre en pratique la première partie de cette maxime, *omnibus prodesse*, c'est accomplir aussi la seconde, *obesse nemini*. Comment celui qui s'exerce avec foi et amour aux œuvres de miséricorde prescrites par le Sauveur lui-même dans le Saint Evangile pourrait-il ne pas fuir les moindres occasions d'offenser ceux dont il s'est fait le serviteur, à l'exemple de Celui qui a dit : « Je ne suis pas venu pour être » servi, mais pour servir ? »

Mais est-ce seulement pour un temps limité que nous allons nous donner d'une manière si généreuse ? « *Être utile à tous, ne nuire à personne.* » Pierre Fourier n'a omis qu'une chose, c'est de déterminer le temps du dévoû- ment. Est-ce donc une véritable omis- sion ? Non, assurément ; la forme de cette devise laisse deviner clairement que notre abnégation doit être de tous les instants ; le sublime du sacrifice, c'est de se donner entièrement et pour toujours. C'est ainsi que le Bon Père l'avait comprise et qu'il sut la pratiquer jusqu'au dernier jour de sa vie, mon trant ainsi au monde égoïste et ennemi de la Croix ce que peut l’amour du prochain quand il est fortifié et ennobli par l’amour de Dieu.

Une autre parole qui vient souvent se placer sur les lèvres de Fourier, et qu’il aime à redire parce qu’elle a le pouvoir de calmer ses plus vives inquiétudes, est celle-ci :

« *Habemus bonum Dominum et bonam Dominam.* »

« Nous avons un bon Maître et une » bonne Maîtresse. »

Si l’inutilité de notre vie nous épouvante, si la majesté de Dieu nous frappe de terreur, rappelons à notre âme cette consolante vérité : « Nous avons un bon Maître », et oublions pour un instant les sublimes attributs de Dieu ; la bonté n’est jamais terrible, et le Maître que nous adorons n'a-t-il pas reçu de la reconnaissance de ses créatures ce doux titre d'amour : *le bon Dieu ?*

Et cependant, pour gagner plus facilement nos cœurs, le Seigneur ne s'est pas contenté de prendre à notre égard le nom de Père ; Il savait qu'il en est un plus doux encore, un amour plus tendre et plus suave ; et cet amour, Il a voulu nous en assurer les bienfaits. Connaissant notre faiblesse et notre fragilité, Il a voulu aussi, dans sa miséricorde infinie, nous donner une avocate à la fois puissante pour nous secourir et bonne pour compatir à notre misère. Mais quelle créature pouvait réunir en elle ces deux attributs, sinon Marie, la mère du divin Sauveur, notre mère à tous ?

Mère de Dieu, Marie a tout pouvoir

sur le cœur de son divin Fils ; Mère des hommes, son bonheur est de déverser sur ses enfants d’ici-bas les trésors d’amour et de grâce que le Seigneur a déposés en Elle et de répondre au cri de notre détresse implorant son puissant secours.

« Le cœur de l’homme réclamait une
» mère, et le cœur de Dieu créa
» Marie », a dit saint Bernard.

Une mère ! qui pourrait exprimer tout ce que renferme ce mot si court ? Réunissez dans un seul cœur l’amour le plus tendre, le dévoûment le plus sublime et le plus constant, la vigilance la plus assidue, et vous n’avez rien dit encore.

L’amour maternel ne peut se mesurer ni s’analyser ; le cœur de l’enfant sait seul le comprendre, comme le cœur de la mère sait seul le donner.

Que dire donc de cette mère incomparable dont la tendresse pour ses enfants est à l'amour réuni de toutes les mères ce qu'est l'astre du jour au pâle flambeau qui éclaire nos pas dans les ténèbres, et dont le pouvoir surpasse tout ce que peut rêver ici-bas l'ambition la plus exaltée ?

Mères de la terre, si vous possédiez en main la toute-puissance, que ne feriez-vous pas pour vos enfants ? quels prodiges n'accompliriez-vous pas pour les sauver ?..... Pauvres mères ! votre pouvoir est limité ; seule, Marie fut exceptée de cette loi universelle : n'a-t-elle pas pour fils le Maître de l'univers ?

Aussi, usant de cette prérogative et voulant suppléer à votre faiblesse, elle adopta vos enfants et voulut être à la fois leur Mère et leur Maîtresse.

Comment alors ne serait-elle pas « bonne Maîtresse », puisqu'elle est avant tout notre Mère ?

Père bienheureux, oui, nous aimons à le redire avec vous : Nous avons un bon Maître et une bonne Maîtresse ; bien des fois déjà nous l'avons éprouvé ; mais quel bonheur surtout serait le nôtre si, lorsque sonnera pour nous l'heure dernière, l'Ange de Dieu inspirait à notre âme effrayée cette pensée douce et salutaire ! Obtenez-nous cette grâce, ô bon Père ! et puissions-nous expirer, comme vous, le sourire sur les lèvres, la paix dans le cœur en redisant à votre exemple :

« *Habemus bonum Dominum et bonam*
» *Dominam !* »

Le grand serviteur de Dieu se révèle lui-même dans ces pensées simples
et profondes qu'il laisse tomber sans
cesse du trésor de son cœur ; elles
portent avec elles le cachet de sa
sainteté, et nous ne pouvons mieux
faire que de citer encore :

« Toutes choses, quoique difficiles en
» apparence, sont toujours aisées à
» l'âme patiente. »

« Notre intention ne doit avoir
» d'autre objet que la volonté de
» Dieu. »

« Que toutes choses, tant prospères
» qu'adverses, vous soient chemin pour
» aller droit à Dieu. »

Et cette autre qui nous dévoile l'amour

14

que le bon Père portait à Jésus immolé pour nous sur les autels : « Avoir une » vraie dévotion pour l'Eucharistie, c'est » être né pour le ciel. »

Et celle-ci encore qui découvre le secret de la patience admirable dont les saints de tous les âges ont fait preuve : « Puisque » travaux et souffrances sont inévitables » ici-bas, encore est-ce une grande con- » solation de les endurer au service et » pour l'amour de Dieu. »

C'était effectivement cette pensée qui soutenait notre Bienheureux dans les difficultés et les labeurs de sa longue exis- tence. L'homme est sujet à la douleur, c'est un fait que personne ne conteste parce que tout le monde en a éprouvé la cruelle réalité ; mais il est un moyen efficace de rendre méritoires pour le ciel nos moindres souffrances et de nous aider à les porter avec courage et résignation : la pensée que Dieu nous voit et nous bénit soutient nos pas dans la voie douloureuse où Lui-même a marché le premier. Ce n'est pas tout encore : Ce « bon Maître » veut bien tenir compte de nos souffrances, de celles mêmes que nous subissons sans les avoir recherchées, pourvu que nous les acceptions avec amour et soumission à son divin bon plaisir.

Or les épreuves de la vie ne peuvent s'éviter ; il faut les subir avec patience ou se raidir contre elles ; la révolte ne fait qu'envenimer la plaie, mais l'acquiescement généreux de notre volonté à celle de Dieu est un baume puissant qui adoucit toutes les blessures et attire dans nos âmes la grâce de Celui qui a dit :

« Venez à moi, vous tous qui souffrez
» et qui êtes affligés, et je vous soula-
» gerai. »

Ainsi l'avait compris le Bon Père, et
c'est pourquoi il répétait souvent aux
âmes qu'il voyait sous le pressoir de la
douleur :

« Puisque travaux et fatigues sont iné-
» vitables ici-bas, encore est-ce une
» grande consolation de les endurer au
» service et pour l'amour de Dieu. »

Nous connaissons le zèle de Pierre
Fourier pour les âmes et la manière dont
il pratiquait sa belle devise : « Être utile
« à tous et ne nuire à personne. » On
trouve dans ses œuvres une autre pensée
bien consolante et bien propre à encourager ceux qui se dévouent au service
du prochain. Sa confiance sans bornes

dans la bonté infinie de Dieu ne lui permettait pas de croire qu'on pût être damné après avoir procuré à l'un de ses frères la grâce de revenir sincèrement au Seigneur, et il s'écriait, dans l'ardeur de sa foi et de son amour :

« Qui craindrait l'enfer, s'il était assuré
» d'avoir sauvé une âme ? »

Tels étaient les sentiments qui animaient le cœur de cet homme de Dieu. La société moderne oublie les saints ; on ne veut voir en eux qu'un assemblage de vertus austères et intraitables, de pratiques souvent ridicules et de prodiges outrageants pour la raison ; la vie de celui qu'on appela le Bon Père est tout entière une réfutation de ces préjugés, car elle nous présente réunies la bonté la plus attrayante et la plus éminente sainteté.

Cette belle pensée du grand évêque de Constantinople n'est plus comprise dans notre siècle d'indifférence : « Les » saints, dit-il, sont la partie la plus » intime et comme la moelle de l'huma- » nité ; ils sont la source de sa force » et de sa vie. »

« *Medulla hujus mundi sunt homines sancti;* » *quamdiu sunt sancti stat iste mundus.* »

Les chrétiens, ceux mêmes qui se font gloire de l'être, sont le plus souvent tièdes et lâches dans la pratique de leurs devoirs ; et Dieu n'a sous les yeux qu'un spectacle désolant pour son cœur et bien propre à attirer sur nous les fléaux de sa juste colère. Qui donc arrête et désarme sa main vengeresse, sinon la prière et les œuvres des saints jointes aux mérites infinis du divin Sauveur ?

Que deviendrait le monde sans ces âmes généreuses, qui, foulant aux pieds l'orgueil et les passions, compensent, par leurs vertus héroïques, leur ardent amour, leurs sacrifices expiatoires, toutes les fautes, tous les crimes du genre humain ?

La justice de Dieu tient une balance où le bien est comparé au mal. Ce dernier côté l'emporte, hélas ! et cependant le monde n'est point anéanti. Qui donc retient ainsi le bras du Tout-Puissant prêt à frapper ceux qui l'outragent et méprisent ses lois ? Le petit nombre de ceux qui, fidèles à ses commandements, savent lutter contre le torrent qui entraîne l'humanité vers l'abîme éternel et se montrer toujours dignes de leur titre de chrétiens et de la noble mission que le Seigneur leur a confiée.

Bienheureux Père, vous en qui nous aimons à vénérer un grand saint et un bienfaiteur de l'humanité, daignez intercéder en notre faveur auprès de Dieu ; demandez-lui pour nous de fortes convictions et de grandes vertus. Demandez des âmes qui, comme la vôtre, ô bon Père, puissent réjouir le ciel et faire refleurir ici-bas l'empire des vertus.

EPILOGUE

Tels sont les traits sous lesquels le
Bienheureux Pierre Fourier nous est
apparu; nous avons contemplé en lui
les vertus d'un grand saint et le mérite
d'un grand citoyen. La beauté de cette
vie, passée tout entière au service de
Dieu, nous a remplies d'admiration, et
nous nous sommes estimées heureuses
d'être sous la direction des filles d'un
tel Père.

La Congrégation de Notre-Dame est
une admirable institution qui protège
l'enfance, l'entoure de soins maternels
et conserve pour Dieu un grand nombre

d'âmes innocentes. Elle a aussi formé pour la société des jeunes filles pieuses et modestes, plus tard mères profondément chrétiennes.

A l'heure présente, l'Eglise a besoin de vierges dévouées qui consacrent leur vie, leurs talents, leurs vertus à ses grandes œuvres de charité : éducation de la jeunesse, soin des pauvres et des malades.

La société, elle aussi, ressent un immense besoin : il lui faut des femmes fortes et viriles, au cœur ardent, à l'esprit élevé, qui ne s'abaissent jamais aux misérables faiblesses du respect humain, mais portent hardiment le drapeau des enfants de Dieu.

L'éducation doit donc tendre à former ces âmes qui manquent partout. Parmi ces jeunes filles élevées à l'ombre du cloître, quelques-unes peut-être entendront l'appel divin et sauront y répondre par un généreux *fiat*, mais toutes seront à Dieu, le serviront avec fidélité et porteront partout avec elles le beau spectacle d'une âme généreuse et fière.

L'influence de la femme est considérable dans la société, parce que son rôle dans la famille est immense, et que la société n'est que la réunion de toutes les familles. Une mère peut tout sur son fils ; une épouse peut beaucoup sur son mari ; or, placez à chaque foyer une sainte épouse, une excellente mère, quelle transformation ne verrez-vous pas dans les familles et dans la société ?

La femme, dit-on, est le plus bel

ornement du monde, c'est la fleur de la création, elle a été formée pour plaire ; mais encore n'est-ce là que le moindre de ses privilèges, si nous l'admettons comme réel. La Religion nous apprend qu'elle est créée pour sanctifier tout ce qui l'entoure ; elle doit être une urne de parfum précieux qui purifie, embaume et élève toutes les âmes dans le sanctuaire de la famille.

Un vieux proverbe, qui dit vrai, est celui-ci : « Ce que femme veut, Dieu » le veut. »

Cette parole est une critique, sans doute ; mais pourquoi ne la transformerions-nous pas en la plus belle des louanges ? On s'accorde pour confesser que notre volonté triomphe de tous les obstacles ; il ne s'agit donc plus que de diriger cette volonté vers le bien.

Sans doute, nous aurons des difficultés à vaincre avant d'atteindre le but ; les grandes choses coûtent toujours à accomplir, mais si notre volonté reste immuable dans la voie droite, si elle n'en dévie jamais, si nous voulons, en un mot, la victoire nous est assurée. Courage donc, à l'œuvre ! la femme a perdu le monde, c'est à elle qu'il appartient de le relever.

Ayez du caractère, jeunes filles ; c'est un trésor sans prix, car, a dit le Père Lacordaire : « Les convictions » profondes n'habitent que les cœurs » généreux et les âmes fortement » trempées par la main de Dieu. »

Puisque vous avez le bonheur d'être chrétiennes, paraissez-le toujours.

Si, plus tard, Dieu vous fait l'honneur de la maternité, vous devrez donner à vos enfants les premières notions du devoir et de la vertu ; c'est vous qui déposerez dans l'âme de votre fils le germe précieux de la foi, qui lui ferez balbutier pour la première fois les noms bénis de Jésus et de Marie, qui lui apprendrez ce qu'il doit aimer : Dieu, la patrie, la famille ; ce qu'il doit haïr : le péché et tout ce qui pourrait ternir la blancheur de sa robe baptismale.

Telle sera votre tâche ; qu'elle est belle et glorieuse ! mais aussi quelle préparation ne demande-t-elle pas ! car si vos devoirs sont grands, ils sont difficiles aussi.

Le Bienheureux Pierre Fourier a pourvu à ce besoin de toutes les époques : l'œuvre de la Congrégation de Notre-Dame reste attachée à son nom et immortalise sa mémoire.

La Lorraine est justement fière d'avoir vu naître ce grand serviteur de Dieu, et tous les ans un immense concours de fidèles vient rendre hommage aux vertus du Bon Père et se prosterner devant son glorieux tombeau.

« Dans ces vieillards courbés sur leur
» bâton, dans ces jeunes filles aux élé-
» gants costumes, dans ces vigoureux
» montagnards qui n'ont pas dégénéré,
» on sent revivre la Lorraine. Ils ne
» doutent pas que Fourier ne soit leur
» bienfaiteur au ciel, comme il le fut
» sur la terre ; ils le considèrent comme

» le saint de leur pays. Quelle gloire
» plus grande que celle de l'homme
» qui vit dans le souvenir de tout un
» peuple ! Son nom est appris comme
» une prière par les enfants au ber-
» ceau ; et son histoire, racontée dans
» les moindres chaumières, se perpétue
» avec les générations successives, qu'elle
» intéresse et qu'elle édifie. » (*A. de
Besancenel.*)

Bienheureux Père, étendez votre protection sur la France où la Congrégation de Notre-Dame est devenue floris-
sante et où votre nom est tant aimé ;
aujourd'hui la France est votre patrie,
puisque la Lorraine est française ; bénis-
sez-la, et exaucez la prière que vous
adressait la voix éloquente du Père
Lacordaire :

« Père bienheureux, vous connaissez
» nos maux, car vous avez vécu comme
» nous dans un siècle plein de troubles
» et de vicissitudes ; mais, plus heu-
» reux que nous, vous vîtes de grands
» saints et de grands citoyens, dont
» vous faisiez vous-même partie, tra-
» vailler au rétablissement de la Cité
» de Dieu. Obtenez à notre âge, dans
» les mêmes ruines, les mêmes dons
» du ciel. Demandez-lui pour nous, par
» vos mérites, la force, la lumière, la
» bonté, de grands saints et de grands
» citoyens ».

TABLE DES MATIÈRES

PARIS-AUTEUIL

IMPRIMERIE DES APPRENTIS-ORPHELINS — ROUSSEL

40, rue La Fontaine, 40.

PARIS-AUTEUIL

IMPRIMERIE DES APPRENTIS-ORPHELINS — ROUSSEL

40, rue La Fontaine, 40.